Peter Michel: Krishnamurti – Liebe und Freiheit
Annäherung an ein Geheimnis

Peter Michel

– Krishnamurti –
Liebe und Freiheit
Annäherung an ein Geheimnis

Aquamarin Verlag

Voglherd 1 · D- 8018 Grafing
1. Auflage 1992
Titelbild: Raphael Kolley
Layout: Annette Wagner
Druck und Bindung: Wiener Verlag, Himberg
Herstellung: P & P Lichtsatz GmbH, Grafing
ISBN 3-89427-018-7

Inhaltsverzeichnis

Wo Leid ist,
kann Liebe nicht sein.

Krishnamurti, am 17. Juli 1985 in Saanen

Vorwort

Eine Biographie zu schreiben – und vor allem und gerade eine Biographie über Krishnamurti –, läßt im Biographen die Intention aufkommen, selbst ganz hinter die geschilderte Person zurückzutreten. Er wird sich gewissermaßen als ›unsichtbarer historischer Beobachter‹ hinter die Kulissen des Geschehens zurückziehen, um im äußersten Fall in Form des unpersönlichen »man« in der Biographie zum Vorschein zu kommen. Ich will dieser Tradition nicht folgen und diesen Entschluß in den nachstehenden Zeilen begründen.

Über mehr als ein Jahrzehnt war mir das Werk von Krishnamurti vertraut. Ich kannte seine Lebensgeschichte, hatte einen Teil seiner Bücher gelesen und sogar einige kurze Kapitel darüber verfaßt.[1] In all diesen Jahren war er mir aber eher fremd geblieben, hatte keine Faszination auf mich ausgeübt. Seine Reden und Gespräche empfand ich als trocken intellektuell, vermißte die »Inspiration« (ein Einwand, der Krishnamurti häufig begegnete). Trotzdem existierte in einer ›Nische‹ meines Bewußtseins diese geheimnisvolle Gestalt, mit seiner höchst ungewöhnlichen ›messianischen‹ Vergangenheit, die ich als eine Art »Sphinx des 20. Jahrhunderts« empfand. Als ich daher im Frühsommer des Jahres 1985 die Ankündigung seiner alljährlichen Vorträge in Saanen las, die mir anscheinend (warum eigentlich?) jahrelang nicht aufgefallen war, ging von dieser Zeitungsanzeige ein geradezu unwiderstehlicher ›Anruf‹ aus, im Juli nach Saanen zu fahren.

Die Begegnung mit Krishnamurti, in einem unbeschreiblich schönen Sommer, in einer sonnenüberfluteten, lichttrunkenen Schweizer Gebirgslandschaft, sollte für etliche Jahre mein Leben

[1] Vgl. P. Michel, Die Botschafter des Lichtes (2 Bd.), Forstinning 1983 ff.

prägen. Hier wurde ich von einer Wirklichkeit berührt, manifestiert durch diese zerbrechliche, filigrane Person auf ihrem schlichten Holzstuhl, die sich nur mit dem Wort »heilig« charakterisieren läßt, heilig in seiner ursprünglichen Reinheit, von dem süßlichen Beigeschmack befreit.

Pupul Jayakar schildert in ihrem bewegenden Buch über Krishnamurti ihre eigene erste Begegnung, die sie als ähnlich tiefgehend empfand. »Als Krishnamurti still den Raum betrat, war mir, als ob etwas in meinem Inneren explodierte. Ich nahm plötzlich eine ungeheure Größe und Strahlung wahr. Seine Gegenwart erfüllte den Raum, und für einen Augenblick war ich wie gelähmt.«[2] Vor allem der zweite dieser drei Sätze kommt meiner eigenen inneren Erfahrung nahe. Das Zelt, in dem Krishnamurti sprach, stellte keine begrenzende Wirklichkeit mehr da. Hier sprach jemand in Zeit und Raum und nahm den, der sich ihm tief öffnete, mit in eine Ebene des Seins jenseits von Zeit und Raum. Ich kann mich nicht erinnern, jemals in meinem Leben so konzentriert zugehört zu haben, wie in jenem Sommer in Saanen. Trotzdem hätte ich nur mit äußerster Mühe den Inhalt des jeweiligen Vortrages anschließend zusammenfassend wiedergeben können. Als ich sie zwei Jahre später in meinem Verlag veröffentlichte[3], las ich sie wie einen fremden Text, nicht ohne Verwunderung, wie tief sie mich damals bewegt hatten. Und dies scheint mir das eigentliche Geheimnis zu sein. Die Transformation vollzog sich weniger durch die Worte als durch die Energie, die von der so unscheinbaren Person auf dem Stuhl ausging, die von sich fast bei jedem Vortrag sagte: »K. ist völlig unwichtig.«[4]

Ich benötigte oft Stunden nach einem Vortrag, um die Normalität von Saanen oder Gstaad wieder in meine eigene Welt eingliedern zu können. Hinzu kam, daß die Vorträge von Krishnamurti für mich in eine Zeit schwieriger persönlicher Beziehungen fielen,

---

[2] Pupul Jayakar, Krishnamurti, Freiburg 1988, S.16
[3] Krishnamurti, Die letzten Gespräche in Saanen, Grafing 1987
[4] Krishnamurti sprach von sich häufig in der dritten Person.

die in diesen Tagen wie Schatten über meinem Leben gehangen hatten. Die Schatten verflogen in den Tagen von Saanen und in den Wochen unmittelbar im Anschluß an die Vorträge, wie Gewitterwolken den Sonnenstrahlen eines neuen, lichterfüllten Morgens weichen. Ich gewann in diesen Stunden und Tagen ein Verständnis dafür, was Krishnamurti mit den Worten meinte, er wolle den Menschen »absolut und bedingungslos befreien«. Vielleicht bedurfte es für mich der persönlichen Begegnung (und Berührung), um diese Botschaft tief innerlich zu verstehen und zu leben; denn seine Bücher hatten mir diese Botschaft nicht vermittelt.

Freiheit und Liebe steht auf dem Titel dieser Biographie. Von Freiheit war bereits die Rede, von Liebe ist noch zu sprechen. Noch einmal möchte ich Pupul Jayakar das Wort geben, die im letzten Satz der Einleitung ihres Buches über Krishnamurti schreibt, nachdem sie in einer Art innerer Rückschau die gemeinsamen Jahre mit ihm in Gedanken vorbeiziehen läßt: »Und doch spürte man in seiner Gegenwart das Überfließen eines unendlichen Mitgefühls.«[5] Diese Ausstrahlung, die ich als seine grenzenlose Liebe zu allem Geschaffenen empfand, kann über das geschriebene Wort nicht vermittelt werden. Man mußte ihr in seiner Person begegnen. Sie kann jedoch auch heute manchmal aufleuchten, wenn sich das Gespräch ihr zuwendet, wie in der Begegnung mit Pupul Jayakar in unserem Haus[6], wo sich das Gespräch schnell auf Krishnamurti konzentrierte, und im intensiven Dialog ein wenig der ›Geist Krishnamurtis‹ zu spüren war.

Am ehesten berührt man diese Liebe, dieses »unendliche Mitgefühl« in Krishnamurtis Tagebuch-Aufzeichnungen, und dort besonders in den Naturschilderungen.[7] Ich erinnere mich gut, wie tief be-

---

[5] Jayakar, S. 25

[6] Pupul Jayakar nahm an einer vom Aquamarin Verlag veranstalteten Konferenz in München teil, wo sie über Krishnamurti sprach. Ihr Vortrag ist veröffentlicht in: Petra Michel (Hrsg.), Wissenschaftler und Weise – Die Konferenz, Grafing 1991

[7] Vgl. Krishnamurti, Selbstgespräche, Grafing 1988

wegt ich war, als ich seine Aufzeichnungen über die Wochen im Giant Forest, im Sequoia-Nationalpark, las. Wer einmal in diesem Natur-Heiligtum zu Füßen der majestätischen Bäume gesessen und in diesem Dom des Waldes meditiert hat, der wird in Krishnamurtis Beschreibungen spüren, in welch außerordentlichem Maße er eins mit der Natur war. Eine Einheit in Liebe. Manchmal glaube ich bei der Lektüre seiner persönlichsten Gedanken zu spüren, daß er von der Empfindung geprägt war, die Natur verstehe ihn in ihrer Unschuld besser als die vom Ego dominierte Menschheit.

Krishnamurti hat zu seinen Lebzeiten, bis wenige Stunden vor seinem Tod, mit Vehemenz darauf hingewiesen, daß niemand berechtigt sei, als von ihm autorisiert aufzutreten oder in seinem Namen zu sprechen. Seine Gedanken sollten für sich stehen, nicht von einem zweifelhaften Guru-Image kompromittiert werden. Er hatte den »Sternenorden« nicht aufgelöst, auf sein »Messias-Amt« verzichtet, um später mit einem neuen Krishnamurti-Kult konfrontiert zu werden. Die um ihn herum entstandenen Organisationen sah er als rein weltliche Ordnungs- und Verwaltungsformen, niemals als eine Art Gralshüter der Krishnamurti-Lehre. Unter Berücksichtigung dieses Sachverhaltes kann auch ein Buch über sein Leben und seine Gedanken keinerlei Anspruch auf Autorität erheben. Es kann nur ein Herantasten darstellen, die »Annäherung an ein Geheimnis«.

In einem Gespräch mit Susunaga Weeraperuma, der ihn bezüglich eines Buchprojektes angesprochen hatte, legte Krishnamurti in gewissem Sinne ›Richtlinien‹ fest, die für Bücher über ihn beachtet werden könnten. Er erklärte Weeraperuma: »Es ist sehr einfach. Du mußt im Lichte Deines eigenen Verstehens schreiben. Lies in die Lehren nicht etwas hinein, was nicht in ihnen enthalten ist. Dies bedeutet für Dich, außerordentlich achtsam zu sein, um nicht von Deinen verschiedenen Ideen, Glaubensüberzeugungen und Erfahrungen beeinflußt zu werden, die Deine Lebensanschauungen geprägt haben. Wenn Du über die Lehren schreibst, kannst

Du niemals sagen: »Das hat Krishnamurti gemeint.« Alles, was Du sagen kannst, ist: »Das hat Krishnamurti *wahrscheinlich* gemeint.« Es ist empfehlenswert, Worte wie »möglicherweise« und »wahrscheinlich« zu verwenden, weil sie ein Element des Zweifels in das Bewußtsein des Lesers einführen. Wenn Sie so vorgehen, mein Herr, werden Sie nicht in Gefahr laufen, Fehlinterpretationen zu unterliegen.«[8]

Ich werde mich bemühen, in den folgenden Kapiteln diesem Wunsch Krishnamurtis Rechnung zu tragen. Es soll ein Versuch sein, sich gemeinsam mit Ihnen, verehrte Leser, dem Geheimnis Krishnamurtis zu nähern. Von vielen Seiten wurde dieser Versuch bereits unternommen, und manche Stimme wird im Folgenden zu Wort kommen. Sie alle waren inspiriert von der Begegnung mit diesem ungewöhnlichen Menschen – Jiddu Krishnamurti.

Wenn es dieser Biographie gelingen sollte, den Leser ein wenig näher an jene Erfahrung von Freiheit und Liebe heranzuführen, die mir selbst aus der Begegnung mit Krishnamurti erwachsen ist, so würde sie meine höchsten Erwartungen erfüllen. Das Erwachen zum Licht und die Auferstehung vom Kreuz der Materie kann jeder in Freiheit und Liebe nur selbst vollziehen. Krishnamurti verstand sich in diesem Prozeß als Wegweiser. Doch wer wollte – in seinen Worten gesprochen – so unverständig sein und den Wegweiser anbeten. Man liest seine Botschaft und macht sich auf den Weg.

Peter Michel
Karfreitag 1991

---

[8] Susunaga Weeraperuma, J. Krishnamurti as I knew him, Bombay 1988, S. 103 f. – Diese Empfehlung Krishnamurtis zur Verwendung des »wahrscheinlich« läßt Radha Rajagopal Sloss in ihrer von einer eigenartigen Haß-Liebe gekennzeichneten Biographie leider außer acht. Auf dreihundertachtundzwanzig Seiten vermisse ich jegliches Verständnis für die Spiritualität Krishnamurtis. Stattdessen unternimmt die Verfasserin den Versuch, ein Bild Krishnamurtis zu zeichnen, das allenfalls einer verzerrten Karikatur gleichkommt. R.R. Sloss, Lives in the Shadow with J. Krishnamurti, London 1991

Teil 1
DAS LEBEN

I. Die Entdeckung

Am 12.Mai 1895 wurde Krishnamurti in Madanapalle geboren, einem kleinen Ort der südindischen Provinz Andhra Pradesh. Die Angaben über den Geburtstag schwanken gelegentlich, bedingt durch die indische Astrologie, gemäß derer ein Tag von 4 Uhr morgens bis zum nächsten Morgen um 4 Uhr dauert. Westlicher Zeitrechnung entsprechend wurde Krishnamurti am 12.Mai, dreißig Minuten nach Mitternacht, geboren. Bereits am kommenden Tag erstellte einer der bekanntesten Astrologen der Gegend (Kumara Shrow-Thulu) sein Horoskop und verkündete Krishnamurtis Vater eine große Zukunft für seinen Sohn. Bereits vor Krishnamurtis Geburt hatte seine Mutter Sanjeevamma die Vorahnung gehabt, ihr achtes Kind (auch Sri Krishna war das achte Kind) werde ein außergewöhnliches Wesen sein. Aus diesem Grund wurde Krishnamurti, entgegen aller indischen Tradition, im Puja-Zimmer geboren. Diese Bevorzugung steht wie ein Symbol über einem Leben, das stets vom Außergewöhnlichen geprägt und in dem Krishnamurti stets von Menschen umgeben war, die für ihn sorgten.[9] Die Geschichte von Krishnamurtis ›Entdeckung‹ durch Charles W. Leadbeater ist häufig beschrieben worden. Die beste Quelle für den jungen Krishnamurti und die Ereignisse der Jahre 1909-1911 bietet das kleine Buch von Russell Balfour-Clarke »The Boyhood of J. Krishnamurti«. Clarke war in den ersten Monaten nach Krishnamurtis Eintritt in die Welt der Theosophischen Gesellschaft sein Begleiter und Englischlehrer.

Das genaue Datum von Krishnamurtis ›Entdeckung‹ läßt sich

[9] Vgl. bzgl. Krishnamurtis Kindheit: Mary Lutyens, Krishnamurti, München 1981, S. 11 ff. und Jayakar, S. 29 ff.

nicht mehr rekonstruieren. Aufgrund fehlender Hinweise seitens Annie Besants, die Adyar am 22. April 1909 verließ, offensichtlich ohne bis dahin etwas von Krishnamurti gehört zu haben, liegt der Zeitpunkt wahrscheinlich im Mai des Jahres 1909. Ob es sich bei Leadbeaters Wahrnehmung um eine spontane Ein-sicht oder um »tagelange Beobachtung« handelt, wie Pupul Jayakar überliefert, dürfte keine entscheidende Rolle spielen. Übereinstimmend sprechen die Überlieferungen jedoch davon, Leadbeater sei die außergewöhnliche Aura Krishnamurtis aufgefallen, die keinerlei Spuren von Selbstsucht aufgewiesen habe. Diese Aura-Theorie wurde von allen Krishnamurti-Biographen übernommen, ohne sie näher zu hinterfragen. Im Gegensatz zu dieser Auffassung äußerte der Österreicher John Cordes, der ebenfalls zu jener Zeit in Adyar lebte und in enger Verbindung zu Krishnamurti und Leadbeater stand, letzterer habe ihm gesagt, er habe Krishnamurti an seinem *Kausalkörper* erkannt.[10] Dieser Sachverhalt ist insofern bedeutsam, als gemäß der theosophischen Anthropologie der Kausalkörper von Inkarnation zu Inkarnation erhalten bleibt und in gewisser Weise das *seelische Wesen* des Menschen repräsentiert. Leadbeater stützte seine ›Wahl‹ Krishnamurtis daher nicht auf dessen Persönlichkeit, sondern ging von seiner geistig-seelischen Wesenheit aus. Dieser Aspekt wird noch besonders zu beachten sein, wenn es um die Frage geht: »Wer war Krishnamurti?«

Nachdem C.W. Leadbeater Krishnamurtis schulische und private Lebensumstände kennengelernt hatte, sah er schnell die Notwendigkeit, ihn in die Obhut der Theosophischen Gesellschaft zu holen. Unabhängig von zahllosen Differenzen zwischen Krishnamurti und Leadbeater, hat Krishnamurti stets anerkannt, daß die ›Entdeckung‹ durch Leadbeater ihm sicher das Leben gerettet habe. In den fünfziger Jahren lebte von den vierzehn Kindern der

---

[10] Persönliche Mitteilung von J. Cordes an Prof. Karl Schmid in Freyung. Brief von K. Schmid an mich vom 4.8.1980. Vgl. zur überlieferten ›Aura-Fassung‹ Russell Balfour-Clarke, The Boyhood of J. Krishnamurti, Bombay 1977, S.3

damaligen Gruppe nur noch einer – Krishnamurti.[11] Ob Leadbeater gemäß seines damaligen Weltbildes den reinen Körper eines hochkastigen Brahmanen für seine Messias-Ideale benötigte oder nicht[12], spielt für die Einschätzung des Phänomens als solches keine Rolle. Interessanter sind dagegen die später vehement umstrittenen Forschungen Leadbeaters über die früheren Leben Krishnamurtis, die nicht nur eine tiefe Verbindung zu Indien, sondern auch eine Inkarnation im unmittelbaren Umfeld des historischen Buddhas Gautama aufwiesen.[13] Es kann hier nicht der Ort sein, über mögliche hellsichtige Reinkarnationsforschung zu urteilen, festzuhalten bleibt nur, daß Krishnamurti trotz seiner unbestritten kosmopolitischen Spiritualität stets ein tiefes Band zur indischen Mystik und zum Sanskrit aufwies, das er bis ins Alter gerne sang, und daß ihn von allen religiösen Gestalten der Geschichte Buddha am meisten anzog.

Man kann über die ›Entdeckung‹ Krishnamurtis nicht sprechen, ohne die schillernde Persönlichkeit Charles Webster Leadbeaters zumindest zu streifen. An keiner anderen Person der Theosophischen Gesellschaft entzündete sich soviel Streit wie an seiner. Ob Krishnamurti über Leadbeater wirklich geäußert hat, dieser sei »böse« (evil)[14], sei hier dahingestellt. Pupul Jayakar überliefert eine Begebenheit aus dem Jahre 1981, als Krishnamurti nach siebenundvierzig Jahren erstmals wieder das Gelände der Theosophischen Gesellschaft betrat und dabei auch auf ein Bild C.W. Leadbeaters stieß. »Plötzlich fiel sein Blick auf eine große Photographie von Leadbeater. »Das hing damals noch nicht hier«, sagte er. Radha Burnier erklärte, daß es erst viele Jahre später aufgehängt

---

[11] Vgl. dazu Emily Lutyens, Candles in the Sun, London 1957, S.27

[12] so Jayakar, S.41, dagegen M.Lutyens, Krishnamurti, The Open Door, London 1988, S.6

[13] Bemerkenswerterweise erwähnt Pupul Jayakar kein einziges kritisches Wort gegen Krishnamurtis bedeutende »Reinkarnationen«.

[14] vgl. hierzu die (ähnlich wie die Krishnamurti-Biographie von Radha Sloss) von einer eigenartigen Haß-Liebe gekennzeichnete Biographie C.W. Leadbeaters von G. Tillett. Gregory Tillett, The Elder Brother, London 1982 (dort S.10).

worden war. Krishnaji starrte auf das Portrait, hob plötzlich die Hand und sagte: »Pax, pax.« Dann wandte er sich Radha zu und ging mit ihr aus dem Zimmer.«[15]

Auch Mary Lutyens, die 1925 immerhin ein dreiviertel Jahr in engster Umgebung Leadbeaters verbrachte, kommt eher zu einem anerkennenden Urteil: »Damals glaubte ich steif und fest an seine Hellsichtigkeit, und auch heute möchte ich sie nicht bezweifeln. Ein außerordentlicher Mensch, ein Mensch voll Zauber und magnetischer Kraft, von unbezweifelbarer Ernsthaftigkeit – der mir doch stets ein Rätsel geblieben ist.«[16] Balfour-Clarke stützt die Einschätzung Mary Lutyens in seinen Erinnerungen und hält die Vorwürfe, vor allem in Hinsicht auf Leadbeaters Homosexualität, für unzutreffend.[17] Man darf nicht vergessen, daß Leadbeater seine Hinweise, speziell im Bereich der Sexualität, in einer Zeit verlogener spät-viktorianischer Prüderie gab. Mary Lutyens anerkannte daher in späteren Jahren, daß Leadbeater in dieser Hinsicht eher seiner Zeit voraus war. »Es wurde niemals etwas gegen Leadbeater Gerichtetes erwiesen. Er bestritt niemals, Selbstbefriedigung als vorbeugende Maßnahme empfohlen zu haben, darin war er aber nur seiner Zeit voraus, und diese Praktiken hat er Krishna oder Nitya niemals beigebracht. Außerdem gibt es keinen Nachweis, daß auch nur ein einziger seiner Schüler später homosexuell geworden wäre, im Gegenteil – die meisten haben glückliche Ehen geschlossen.«[18]

Zum Abschluß dieses »Leadbeater-Abschnittes« bleibt noch die Frage der Autorschaft von Krishnamurtis erstem literarischem Werk »Zu Füßen des Meisters« zu klären. Leadbeater wurde in zahllosen Streitschriften und Artikeln vorgeworfen, der Autor des kleinen Büchleins zu sein, dem ein so außerordentlicher Erfolgs-

---

15) Jayakar, S. 378
16) Lutyens, Krishnamurti (1981), S. 8 f.
17) vgl. Balfour-Clarke, S. 72
18) Lutyens, Krishnamurti (1981), S. 173

weg durch die Welt beschieden war. Es wird völlig übersehen, daß von zwei Augenzeugen, Marie Russak und Balfour-Clarke, die schriftliche Abfassung des Buches durch Krishnamurti beobachtet wurde. »Feindlich gesinnte Skeptiker haben oft unterstellt oder zu belegen versucht, daß ein dreizehnjähriger Knabe das Buch »Zu Füßen des Meisters« nicht habe schreiben können. In Zurückweisung solcher Behauptungen möchte ich hier mein persönliches Zeugnis für Krishnamurtis Urheberschaft ablegen, weil ich ihn persönlich schreiben sah. Es war mein besonderes Privileg, damals Krishnaji Englisch lehren zu dürfen, was ihn in die Lage versetzte, niederzuschreiben, was sein Meister zu ihm gesprochen hatte.«[19] Ich halte diese Zeugnisse für glaubwürdiger als Stellungnahmen von Personen, die sich aufgrund einer vereinzelten Aussage von Krishnamurti zu diesem Thema äußerten. »Zu Füßen des Meisters« entstand in einer Zeit des Erwachens und bleibt ein beeindruckendes Zeugnis des mystischen Erlebens des jungen Krishnamurtis.

Die Kontroverse um dieses Buch scheint auch daher so heftig entbrannt zu sein, weil eine spätere Generation von ›Krishnamurti-Anhängern‹ versuchte, ihn völlig zu ›ent-mystifizieren‹. Dabei wird völlig außer acht gelassen, in welch hohem Maße die Kindheit von Krishnamurti durch mystisches Erleben geprägt war.

Krishnamurtis Mutter wies eine gewisse Hellsichtigkeit auf und konnte die menschliche Aura wahrnehmen.[20] Er selbst erschaute mehrfach seine Mutter nach ihrem frühen Tod,[21] las geschlossene Briefe, konnte Gedanken lesen und sehen.[22] Alle diese Fähigkeiten, die *vor* dem Kontakt mit der Theosophischen Gesellschaft nachzuweisen sind und auch nicht, mit Krishnamurtis Worten, von dieser »aufgeprägt« oder »imprägniert« worden sein konnten,

[19] Balfour-Clarke, S.9. Vgl. auch Lutyens, Krishnamurti (1981), S.41
[20] Vgl. Jayakar, S.33
[21] ebd.
[22] ebd. S.42. Vgl. auch Lutyens, Krishnamurti (1991), Kap.1

schienen ihn aber nicht zu beeindrucken. In einer Tagebucheintragung aus dem Jahre 1973 erinnert er sich: »Seit seiner (Krishnamurtis, P.M.) Kindheit war es so gewesen, kein Gedanke trat in sein Bewußtsein ein. Er beobachtete und lauschte und nichts weiter.«[23] Alles schien eher *durch* Krishnamurti zu geschehen, als mit ihm oder von ihm initiiert. Die Begebenheiten jener Zeit rühren tief an das Geheimnis Krishnamurtis. Dies wird noch deutlicher, wenn man eine Episode des Winters 1969 betrachtet. Bei einer der wenigen Gelegenheiten, wo Krishnamurti tief in seine eigene Vergangenheit tauchte, berührte er diese frühe Kindheitsphase. »Der Junge, der völlig unschuldig und unberührt war, mußte noch immer beschützt werden, damit keine negativen Kräfte ihm etwas anhaben oder von ihm Besitz ergreifen konnten. Plötzlich hielt Krishnaji mitten im Satz inne und sagte: »Wir sprechen über gefährliche Dinge. Wir könnten sie dadurch anziehen.« Seine Stimme klang seltsam fremd, sein Körper richtete sich auf. »Könnt ihr es spüren?« Die Luft im Zimmer vibrierte. Starke Kräfte waren in Bewegung. Krishnaji schwieg lange. Als er wieder zu sprechen begann, hatte sich die Atmosphäre im Raum verändert – eine gute Energie breitete sich aus. Krishnaji fuhr fort.«[24] Hier klingt an, auf welch außerordentliche Weise Krishnamurtis Schicksal mit einer anderen Wirklichkeit verflochten war. Schon als Jugendlichen umhüllten ihn die Wesen und Energien einer höheren Welt, die auch für andere spürbar waren. »Ich empfand eine Harmonie jenseits dessen, was mir bisher vertraut war; und sie hielt solange an, wie ich mit ihnen (Krishnamurti und sein Bruder Nitya, P.M.) zusammen war.«[25]

---

[23] Krishnamurtis Journal, London 1982, S.11 (dt. Übers. vom Verfasser). Im »Journal« wird auch an einer anderen Stelle (S.27) von Krishnamurti seine vollständig fehlende Erinnerung an seine frühen Kindheitsjahre erwähnt. – Im Gegensatz dazu berichtet A. H. Nethercot in seiner Biographie über A. Besant von einer in Gujerati verfaßten Schrift von Mrs. Mangal Das, die eine sehr detaillierte Schilderung der Kindheitsjahre von Krishnamurti enthalten soll, die *er selber* Mrs. Das erzählte. Vgl. Arthur H. Nethercot, The Last Four Lives of Annie Besant, Chicago 1963, S.135

[24] Jayakar, S.282

[25] Balfour-Clarke, S.5. Vgl. ebd. auch S.14

Eine Beschreibung der außergewöhnlichen Ausstrahlung – und wieder dominiert die Qualität der Selbstlosigkeit – findet sich in einem Dokument von P.G. Wodehouse, der sich über den Krishnamurti des Jahres 1910 notierte: »Was uns besonders auffiel, war seine Natürlichkeit. Es war keine Spur von Angabe oder Affektiertheit an ihm. Sein Wesen war immer noch zurückhaltend, bescheiden und ehrerbietig den älteren gegenüber und höflich zu allen. Er zeigte jenen, die er mochte, lebhafte Zuneigung, was einmalig reizvoll war. Er schien sich seiner ›okkulten‹ Position ganz unbewußt zu sein. Niemals spielte er darauf an, keinen Augenblick erlaubte er sich in Wort oder Benehmen die leise Anspielung darauf. Eine andere Eigenschaft war seine aufrichtige Selbstlosigkeit. Er schien nicht im geringsten von sich selber eingenommen... Wir waren ihm nicht blind ergeben, vorbereitet in ihm nur Vollkommenheit zu sehen. Wir waren ältere Menschen, Erzieher, mit Erfahrungen über Jugendliche. Hätte er auch nur eine Spur von Eingebildetsein oder Affektiertheit, oder gar eine Pose als ›das heilige Kind‹ sowie eine selbstgefällige Befangenheit gehabt, hätten wir bestimmt ein ungünstiges Urteil abgegeben.«[26]

Waren die Brüche in Krishnamurtis Leben, äußerlich anscheinend so spektakulär, wie die Auflösung des »Sternenordens«, vielleicht nur das Abschütteln von unwichtigem Ballast, um jenem inneren Licht zu seiner wahren Leuchtkraft zu verhelfen, das schon im Jahre seiner ›Entdeckung‹ leuchtete? Waren es vielleicht Wesen einer höheren Wirklichkeit, die Krishnamurtis und Leadbeaters Wege sich kreuzen ließen, um ihn so, wie Pupul Jayakar vielleicht richtig vermutet, »von allen Konditionierungen seiner Herkunft« zu befreien?[27] Sollte es ihm somit ermöglicht werden, ohne kulturelle Begrenzungen seinen Weg zu suchen. Es ist eigenartig, daß Krishnamurti sich zwar gelegentlich fragte, was gewesen wäre, wenn C.W. Leadbeater ihn nicht ›entdeckt‹ hätte, aber nie eine

---

[26] Mary Lutyens, Krishnamurti (1991), S. 29
[27] Jayakar, S. 41

Antwort auf die doch so naheliegende Frage versuchte, welche schicksalhafte Bestimmung dazu führte, *daß* er ›entdeckt‹ wurde. Doch möglicherweise wollte er diese Antwort andere finden lassen, wie er in Gesprächen mit Mary Lutyens und Mary Zimbalist mehrfach andeutete.

II. Die Berufung

Es läßt sich nicht eindeutig klären, ob Annie Besant und C.W. Leadbeater möglicherweise von bestimmten okkulten Doktrinen zu ihrer Idee des »Weltlehrers« inspiriert wurden.[28)] Wahrscheinlich liegen aber eher innere Erfahrungen zu Grunde, was sich durch Annie Besants eigene Aussagen stützen läßt. Noch im September des Jahres 1927, als Krishnamurti schon dezidiert von der Theosophischen Gesellschaft abweichende Vorstellungen vertrat, hielt Annie Besant an ihrem über Jahre hinweg skizzierten Modell der ›Überschattung‹ Krishnamurtis durch den Weltlehrer fest. Als Grund für diese Anschauung gibt sie ein persönliches Erlebnis an, das sie noch vor die Zeit der ›Entdeckung‹ Krishnamurtis durch Leadbeater datiert. »Im Jahre 1909 hat der Weltlehrer selbst mir gesagt, Er habe einen kleinen Knaben gewählt, und wenn dieser zu einem würdigen Manne erwachse, wolle Er ihn benützen, wenn Er demnächst wieder zu unserer Welt komme.«[29] Diese Überzeugung wird auch durch das Verhalten von Annie Besant und C.W. Leadbeater gestützt, die in den Vorbereitungsjahren Krishnamurtis immer wieder die unmittelbare Entscheidungsinstanz der Meister ins Feld führen. Es erscheint mir daher wenig einleuchtend, eine äußere Anregung für die Idee des »Weltlehrers« anzunehmen. Auch die Identifizierung des »Lord Maitreya« als Sri Krishna *und* Christus, geht eher auf eigene mystisch-visionäre Schau Besants und Leadbeaters denn auf Inspiration Dritter zurück. Der gelegentlich erhobene Einwand, die Ankündigung des »Kommens des Weltlehrers«

---

28) So Tillett, der bestimmte magische Rituale als Ursprung der Verbindung Krishna-Christus-Weltlehrer für möglich hält. A.a.O., S.107

29) Annie Besant, Vortrag in Wien, am 2.September 1927. Ausführlich erläutert A. Besant ihre Vorstellung zum »Weltlehrer« in zwei Artikeln im »Herald of the Star«: »The Order of the Star in the East«, 3/1912 und »World-Teachers«, 1/1913.

sei nur eine Angelegenheit Leadbeaters gewesen und Annie Besant habe sich in diesem Punkt in Abhängigkeit von ihm befunden, geht an der Sachlage vorbei. Annie Besant kündigte persönlich das Kommen des Weltlehrers zu einer Zeit an, als sie ihre hellseherischen Fähigkeiten noch nicht zugunsten ihres Engagements für den indischen Unabhängigkeitskampf aufgegeben hatte. Von allen führenden Mitgliedern der Theosophischen Gesellschaft war sie wohl die einzige, die bis zu ihrem Tod in uneingeschränkter Loyalität zu Krishnamurti stand und nie einen Zweifel an seiner Mission hegte, mochte sie auch nicht jeden seiner Schritte und alle Ansätze seiner ›Lehre‹ verstehen oder gutheißen.[30)]

Im Mai des Jahres 1909 hatte Leadbeater Krishnamurti am Strand von Adyar entdeckt und bereits unmittelbar darauf Ernest Wood wissen lassen, Krishnamurti sei das auserwählte »Vehikel« für den Herrn Maitreya. Offensichtlich konnte sich Leadbeater aber nicht vorstellen, daß bereits der Knabe Krishnamurti Gegenstand öffentlichen Interesses werden sollte. Er ging anscheinend davon aus, daß Krishnamurti noch längere Zeit im Verborgenen ausgebildet werden würde, bevor er seine Aufgabe in der Öffentlichkeit antreten sollte. Wie Leadbeater in der Einführung seines Kommentares über »Zu Füßen des Meisters« schreibt, sah er sich erst auf Anraten Maitreyas veranlaßt, das kleine Buch unter dem Pseudonym »Alcyone« zu veröffentlichen und damit Krishnamurti ins Licht des allgemeinen Interesses zu rücken.[31)]

Es ist häufig gerade von den ›Anhängern‹ des späten Krishnamurti nicht genug beachtet worden, daß es in den frühen Jahren nicht nur Krishnamurtis eigene Erlebnisse und Begegnungen mit den Meistern gab, sondern auch die Erlebnisse der Menschen in

---

30) Vgl. Marijn Brandt, Keine Religion ist höher als die Wahrheit, in: C.W. Leadbeater (hrsg. von Sandra Hodson & M. van Thiel), unveröffentlichte deutsche Übersetzung von J. Fleischanderl, S.13 (Kopie beim Autor)

31) C.W. Leadbeater, Kommentar über »Zu Füßen des Meisters«, Düsseldorf 1926, S.16

seiner Umgebung. Krishnamurti selbst stand in einem lebhaften Dialog mit dem Meister Kut Humi, den er in seiner geistigen Form erschaute und mit dem er sich unterhielt. Dies vollzog sich bis zu jenem Morgen, an dem er auf die materialisierte Gestalt Kut Humis zuging, durch sie hindurchschritt – und als er sich umdrehte, war sie verschwunden.[32] Daraufhin sah er ihn nie wieder. Man könnte meinen, mit diesem Augenblick habe die Hierarchie der Meister für Krishnamurti aufgehört zu existieren – aber es wird sich zeigen, daß dies nicht der Fall war. Möglicherweise unterbrach Krishnamurti mit seiner symbolträchtigen Handlungsweise eine bestimmte Verbindung, doch das Einwirken seitens einer anderen Wirklichkeit hörte nach diesem Morgen nicht auf.

Es gibt cinc Reihe interessanter Begebenheiten um den jungen Krishnamurti aus der Zeit seiner Berufung. So legte er eines Nachts eines der ersten, druckfrischen Exemplare von »Zu Füßen des Meisters« unter sein Kopfkissen. R. Balfour-Clarke verschloß von außen seine Schlafstätte so mit einem Moskitonetz, daß sie nicht von Krishnamurti selbst wieder in der gleichen Weise umhüllt werden konnte. Um 5 Uhr am Morgen weckte Balfour-Clarke Krishnamurti, öffnete das Moskitonetz, und sie stellten fest, daß das kleine blaue Buch verschwunden war. Man nahm an, Kut Humi habe es an sich genommen.[33]

Beeindruckender noch als diese ›okkulte Episode‹ sind die mystischen Erfahrungen jener, die mit dem jungen Krishnamurti zusammentrafen. Diese für viele beängstigenden Begegnungen mit einer gewaltigen, unbekannten Energie hinterließen bei allen tiefe seelische Prägungen. Emily Lutyens, neben Annie Besant seine zweite wichtige mütterliche Mentorin, überliefert eine solche Begebenheit: »Es ist sehr schwierig, diese außergewöhnliche und verzaubernde Atmosphäre jener Abende zu vermitteln. Obwohl ich in keiner Weise über mediale Fähigkeiten verfüge, fühlte ich ein-

[32] vgl. zu diesen Begebenheiten Ingram Smith, Truth is a Pathless Land, Wheaton 1989, S. 20 f.
[33] Balfour-Clarke, S. 25 f.

drücklich die Anwesenheit der Meister und war nicht im geringsten überrascht, als Krishnamurti uns bei verschiedenen Anlässen mitteilte, der Herr Maitreya selbst sei anwesend. Die Atmosphäre begann sich nach 15 Uhr zu verändern. Es war, als sei sie mit einer gewaltigen Kraft aufgeladen, die sich im Verlauf seiner Meditation noch verstärkte und über eine Stunde anhielt. Dann verschwand sie allmählich, eine wundervolle Aura des Friedens zurücklassend.«[34] Ich möchte schon an dieser Stelle festhalten, – und spätere Erfahrungsberichte werden dies in noch stärkerem Maße stützen –, daß ich es für gänzlich unwahrscheinlich halte, daß alle Menschen in der Umgebung Krishnamurtis einer Art ›theosophischer Massenhysterie‹ aufgesessen waren und daher Visionen im Einklang mit dem theosophischen Weltbild erlebten. Die Erfahrungen im Umfeld des jungen Krishnamurtis waren zutiefst bewegend und von zweifelloser Echtheit. Die Frage bleibt, welche inhaltliche Ausdeutung und Erklärung (etwa im Sinne der Anwesenheit von Meistern etc.) diesen Geschehnissen unterlegt werden kann. Eine Antwort hierauf soll im Kapitel VIII versucht werden.

Der erste wichtige ›esoterische‹ Schritt im Leben Krishnamurtis, nach dem Eintritt in die Geisteswelt der Theosophischen Gesellschaft, ereignete sich am 11. Januar 1910. Die astrologischen Konstellationen für diesen Tag waren von theosophischer Seite als außergewöhnlich angesehen worden, trotzdem erschien Leadbeater der Zeitpunkt für die erste Einweihung Krishnamurtis noch zu früh, angesichts des Umstandes, daß er erst eine fünfmonatige Probezeit absolviert hatte. Eigenartig erscheint mir in diesem Zusammenhang, daß anscheinend niemals der Gedanke aufgekommen ist, Krishnamurti könne möglicherweise bereits in früheren Leben Stufen der Einweihung erklommen haben. – Wenige Tage vor dem 11. Januar erhielt Leadbeater dann doch die entsprechende Anwei-

---

[34] E. Lutyens, Candles, S. 110

sung der Meister und zog sich mit Krishnamurti für sechsunddreißig Stunden in die Räumlichkeiten von Annie Besant zurück. Die Erfahrungen dieser dramatischen Stunden sind ausführlich dokumentiert.[35] Umstritten ist, ob es sich bei den Berichten Leadbeaters und Krishnamurtis um gemeinsame Illusionen, um Projektionen Leadbeaters auf den leicht beeindruckbaren Krishnamurti – oder um wahrhafte Transformationen handelt. Krishnamurti selbst erinnerte sich in den späteren Jahren nicht mehr an die Geschehnisse des Januars 1910. Leadbeater und Annie Besant waren zweifelsfrei von ihrer Echtheit überzeugt.[36] Eine Antwort, die über jeden kritischen Einwand erhaben ist, läßt sich nicht geben – doch es bleiben die Photos vom Augenblick der ›Rückkehr Krishnamurtis in die Welt‹, nach den Stunden der Zurückgezogenheit. Ich kann mich nicht erinnern, jemals ein Bild eines Menschen gesehen zu haben, der von ähnlicher Schönheit und vergeistigter Strahlkraft geprägt war wie der junge Krishnamurti am Tag nach seiner mutmaßlichen Einweihung.[37] Was auch immer sich in jenen sechsunddreißig Stunden des Januars 1910 ereignet haben mag, es muß die Berührung mit einer höheren Wirklichkeit stattgefunden haben, anders läßt sich die offen-sichtliche Verwandlung des unscheinbaren Hindu-Knaben in jene Gestalt verklärter Herrlichkeit nicht verstehen.

In diesem Zusammenhang möchte ich auf eine scheinbar unbedeutende Episode im Oktober des Jahres 1984 hinweisen, dem Abend vor der Ermordung Indira Gandhis. Krishnamurti befand sich im Haus von Pupul Jayakar, die bereits einen größeren Teil seiner Biographie verfaßt hatte. Krishnamurti bat sie, ihm daraus vorzulesen. Die ebenfalls anwesende Mary Zimbalist begann, die Abschnitte über Geburt und frühe Kindheit zu lesen. Dann löste Pu-

---

35) M. Lutyens, München 1981, S. 42 ff.

36) Emily Lutyens hält eine *mediale* Übermittlung seitens Krishnamurtis für möglich. Candles, S.28

37) Vgl. bzgl. des überwältigenden Eindruckes auch B.-Clarke, S.18

pul Jayakar sie ab. Über das weitere Geschehen berichtete sie: »Krishnaji hatte die ganze Zeit still zugehört, bis ich zu der Stelle über Alcyone kam. Ich hatte geschrieben, »Alcyone« bedeute »Besänftiger des Sturmes«. Er unterbrach mich: »Nein, es bedeutete ›der hellste Stern der Plejaden‹!« Während ich mit dem Lesen fortfuhr, schien das Zimmer auf einmal lebendig zu werden, so als sei plötzlich ein »Wesen« im Raum und lausche. Nach einer Weile wurde diese »Präsenz« so stark spürbar, daß ich unwillkürlich aufhörte zu lesen. Krishnaji wandte sich zu mir: »Spürst Du es? Ich spüre den Wunsch, mich zu verneigen.« Er zitterte, als er über die »Wesenheit« sprach, die uns zuhörte. »Ja, ich kann mich vor dem, was hier ist, verneigen.« Plötzlich wandte er sich ab, erhob sich und ging allein in sein Zimmer.«[38] Was für eine »Wesenheit« manifestierte sich im Zimmer, und in welchem Zusammenhang stand sie mit den Geschehnissen im Leben des jungen Krishnamurti? Schloß sich hier, fünfzehn Monate vor Krishnamurtis Tod, ein Kreis? Manifestierte sich jene Energie, jene Wesenheit, die ihn sein ganzes Leben begleitet, behütet und inspiriert hatte? Ich kann mich des Eindruckes nicht erwehren, als ob der ganz junge und der sehr alte Krishnamurti den erleuchteten Wesenheiten einer höheren Realität besonders nahekam. Unabhängig von dieser Frage ist das Geschehen als solches außerordentlich bemerkenswert, zeigt es doch einen Krishnamurti, der jegliche religiöse Hingabe in allen Vorträgen stets radikal zurückgewiesen hatte, in einem Zustand tiefen inneren Berührtseins. Auch (oder gerade?) ein so radikaler Freigeist wie Krishnamurti verneigte sich vor der Anwesenheit des »Heiligen«.

Man könnte annehmen, Krishnamurti sei in seiner prä-messianischen Zeit sehr glücklich gewesen, doch trifft dies nur für die ersten Jahre zu. Schon 1914 drückte er in Gesprächen und Briefen mit und

[38] Jayakar, S. 346

an Emily Lutyens seine Unzufriedenheit über sein Schicksal aus.[39] In jener Zeit war er stärker am Golfspielen, seinem neuen Motorrad oder an sonstigen Vergnügungen interessiert.[40] Pubertäre Probleme scheinen bei dem asketisch-esoterisch erzogenen Krishnamurti erst relativ spät aufgetreten zu sein, möglicherweise nur im Traumleben, von dem er Emily Lutyens berichtet.[41] Bei ›Normal-Menschen‹ läge es nahe, jetzt mit bekannten und eingefahrenen Psychologie-Mustern nach Verdrängungen und verborgenen sexuellen Neurosen zu suchen, doch halte ich dies bei Krishnamurti nicht für hilfreich. Man muß sich schlicht von der Vorstellung lösen, es handele sich bei Krishnamurti um einen ›normalen‹ Menschen. Es tauchen vereinzelt ›normale‹ Problemstrukturen auf, doch verlieren sich diese nach kurzer Zeit im Hintergrund, überlagert und ›aufgehoben‹ von einschneidenden Bewußtseinstransformationen.

Die Jahre zwischen 1910 und 1920 waren geprägt von starken seelischen Schwankungen Krishnamurtis, sowohl im ganz persönlichen Bereich wie auch in Fragen seiner geistigen Mission. Bezeichnend sind die Tage mit der befreundeten Familie Manziarly in Paris, im Jahre 1920. Er äußert einerseits Zweifel an den Aussagen von Annie Besant und C.W. Leadbeater, sieht sich andererseits aber mit eigenen tief-mystischen Erfahrungen konfrontiert, die auch seiner Umwelt nicht verborgen bleiben, ohne zu einer wirklichen inneren Klarheit zu finden.[42]

Erst 1922 scheint sich verstärkt erneut eine Verbindung zur Welt der Meister ergeben zu haben. Er schreibt an Emily Lutyens: »Ich bin dabei, meine alte Verbindung zu den Meistern zurückzuerlangen und schließlich ist das und sonst nichts das einzige, was zählt im

[39] Vgl. dazu: E.Lutyens, Candles, S.67 ff./M. Lutyens, München 1981, S.135/Lilly Heber, Krishnamurti, London 1931, S.51
[40] Vgl. M.Lutyens, ebd. S.106 u.116
[41] ebd. S.139
[42] ebd. S.136 f.

Leben.«[43] Es beginnt sich ein Wandel abzuzeichnen, von der Rolle des Messias nach Vorstellung der Theosophen hin zu einem »Welt-lehrer« eigener Bestimmung.

[43] ebd. S. 179

III. Messias oder Weltlehrer

Am 11. Januar 1911 wurde, auf Initiative von George Arundale, der »Orden der aufgehenden Sonne« (Order of the Rising Sun) gegründet. Er sollte unter seinem Dach alle jene versammeln, die auf das Kommen eines neuen großen Lehrers warteten. Wenige Monate später nahm sich Annie Besant dieser Organisation an, änderte den Namen in »Orden des Sternes im Osten« (Order of the Star in the East) und bat Krishnamurti, die Leitung zu übernehmen. Zum Erwerb der Mitgliedschaft genügte die Unterschrift unter eine Erklärung von sechs Leitgedanken:

1. Der Glaube an das Kommen eines großen Lehrers und der Wunsch, ein Leben der Vorbereitung auf dieses Geschehen zu führen.
2. Den kommenden Lehrer stets im Bewußtsein zu halten und aus dieser Einstellung heraus zu leben.
3. Einen Teil der täglichen Zeit der Vorbereitung des »Kommens« zu widmen.
4. Die Eigenschaften der Hingabe, Standhaftigkeit und Güte zu entwickeln.
5. Den Tag beginnen und beenden mit der Bitte um *seinen* Segen.
6. Die Zusammenarbeit mit jenen zu suchen, die man als seine geistigen Leiter anerkennt.[44]

Mit dem »Sternenorden« war ein Instrument entwickelt worden, um dem kommenden neuen Lehrer eine Form zu schaffen. Es war eine Zeit messianischer Erwartung; doch es sollte noch vierzehn

[44] Herald of the Star 1/1912

Jahre dauern, bis sich die erste öffentliche Manifestation der Verbindung Krishnamurtis mit dem Herrn Maitreya ereignete. Am 28. Dezember 1925 hält Krishnamurti in Adyar einen Vortrag anläßlich einer Zusammenkunft des »Sternenordens«. Im Verlauf seiner Rede verändert sich plötzlich sein Tonfall, und er wechselt von der dritten in die erste Person. Sprach er bis dahin vom »Weltlehrer« immer als »er wird kommen«, so heißt es nun erstmals »ich komme«.[45] Von diesem Augenblick an gingen die Theosophen und Mitglieder des »Sternenordens« davon aus, das »Kommen« habe begonnen. Annie Besant schildert ein Gespräch zwischen ihr und Krishnamurti im unmittelbaren Anschluß an das Geschehen: »Dann begab sich Krishnaji zu seinem Sitz. Ich fragte ihn später, ob er wüßte, was er gesagt hatte, er erwiderte: »Nein.« Ich fragte ihn, was er empfände; er sagte, er habe das Gefühl, als ob er aus einem Traum erwache; er sei ganz betäubt. Und das ist eine genaue Beschreibung dessen, was sich wirklich zugetragen hatte.«[46] Leider konnte Krishnamurti in späteren Jahren wenig zur Aufklärung dieser Ereignisse beitragen, schien sich eher selber im Zustand eines Fragenden zu befinden.

Die aufschlußreichsten Hinweise zu den Ereignissen der zwanziger Jahre finden sich in den Ausführungen Geoffrey Hodsons. Hodson war ein junger Theosoph, der, so hatte es den Anschein, über eine bemerkenswerte Hellsichtigkeit verfügte. Betrachtet man das absolut lautere Leben Hodsons in den folgenden fast sechzig Jahren, er starb 1983, so kommt seinem Zeugnis ein nicht unerhebliches Gewicht zu. In zahlreichen Gesprächen mit seinem Biographen Kirk Robertson[47] betonte Hodson den »experimentellen Charakter« dessen, was man am treffendsten wohl als die »Über-

---

[45] Vgl. E. Lutyens, S.142

[46] Vortrag in Wien 1927, a.a.O., S.12

[47] Leider gab G. Hodson die Biographie nicht zur Veröffentlichung frei, wie mir seine Frau Sandra brieflich mitteilte. Deshalb kann hier nur auf das unveröffentlichte Manuskript verwiesen werden, das mir von einem Schüler Hodsons freundlicherweise in Photokopie überlassen wurde.

schattung« Krishnamurtis durch den Herrn Maitreya bezeichnen kann. Hodsons Bericht über das Treffen des »Sternenordens«, im August 1927 in Ommen, gibt einen eindrucksvollen Einblick in die bemerkenswerten Geschehnisse jener Tage: »Während er (Krishnamurti, d. Verf.) spricht, senkt sich der Geist Christi wie eine kollektive Inspiration in die Herzen und das Bewußtsein aller Anwesenden. Näher und näher kommt er, in einer ringförmigen Wolke goldenen Lichtes. Sie schwebt über unseren Köpfen, sinkt langsam und sanft weiter herab, wie warmer Sommerregen, bis wir allmählich alle von ihrer Schönheit, ihrem Frieden und einer alles verzehrenden Liebe umfangen werden.

Die Stimme schweigt.

Nacht für Nacht, wenn die Stimme verstummt, geschieht ein Wunder. Zweitausendsiebenhundert Menschen verharren in völliger Stille. In dieser Stille enthüllt sich dem inneren Auge das »Lichtfeuer allen Lichtes«. Die Gestalt des Herrn erscheint über dem Kopf Krishnajis. Die Stille wird noch tiefer. Wir sind geborgen in seiner Umarmung, erfüllt mit Sanftheit und Mitgefühl, während er näherkommt.«[48] Hodson betrachtete die Geschehnisse jener Zeit als »unvergeßlich«; sie galten ihm als einzigartige Höhepunkte spirituellen Erlebens. Zahlreiche seiner Erinnerungen und Empfindungen faßte er in einem Manuskript unter dem Titel »The Unforgettable Years« zusammen, konnte sich aber nie entschließen, es zur Veröffentlichung freizugeben. Auch die nach seinem Tode von seiner Frau veröffentlichten Tagebuchaufzeichnungen (»Light of thc Sanctuary«, Manila 1988) sparen diese Epoche aus.

Im Gespräch mit Robertson drückte Hodson jedoch seine feste Überzeugung aus, es habe seitens der Meister den festen Plan zu dem »Experiment« der Überschattung Krishnamurtis gegeben, und C.W. Leadbeater habe ausschließlich das öffentlich zum Aus-

---

[48] G. Hodson, Thus have I heard, Adyar 1947, S. 107. Vgl. auch »Camp Fire Gleams«, Herald of the Star 10/1927, S. 403 ff.

druck gebracht, was ihm seitens der Meister übermittelt worden sei. Warum das Experiment, nach Hodsons Ansicht, letztlich – in gewisser Weise – fehlgeschlagen sei, habe verschiedene Gründe. Als die zwei wichtigsten sieht Hodson ein Sich-Zurückziehen Krishnamurtis aufgrund innerer (seelischer) Verletzungen infolge zahlloser unschöner Ereignisse im Umfeld der Theosophischen Gesellschaft und eine nicht zu ertragende nervliche Anspannung. Hodson erwähnte Robertson gegenüber eine Stellungnahme des Arztes von Krishnamurti, der sich zu jener Zeit seiner angenommen hatte, derzufolge die nervliche und seelische Belastung Krishnamurtis enorm gewesen sei, selbst wenn sein Körper nur für wenige Minuten von jener höheren Wesenheit übernommen worden war.[49] Als man seitens der Theosophen sehen mußte, daß eine »Überschattung« im ursprünglich vorgestellten Sinne nicht stattfand, hob man verstärkt wieder den *Unterschied* zwischen Krishnamurti und dem »Weltlehrer« hervor. So schrieb C.W. Leadbeater an A. Besant: »Natürlich besitzt unser Krishnaji nicht die Allwissenheit des HERRN. Meiner Ansicht nach wäre kein physischer Leib auf unserer Stufe dazu in der Lage, das sage ich ganz offen.«[50] Paradoxerweise sah Krishnamurti selbst sich in den späten zwanziger Jahren in stärkerem Maße als »Weltlehrer« – aus seiner eigenen Verwirklichung heraus – als die Theosophen, deren Messias-Ideal er doch über viele Jahre hinweg innerlich und äußerlich zurückgewiesen hatte. Bevor wir jedoch ausführlich auf Krishnamurtis eigene Erfahrungen eingehen, sollen noch die Zeugnisse Dritter angeführt werden, die in jenen Jahren zu Krishnamurtis Füßen saßen.

Die Berichte von überwältigenden, zutiefst bewegenden Erfahrungen in der Gegenwart Krishnamurtis sind ohne Zahl. Es ragen jedoch drei spezielle Ereignisse aus drei relativ weit auseinanderliegenden Epochen aus der Fülle dieser Begebenheiten heraus. Zum einen die Übergabe der Mitgliedsurkunden des »Sternenordens«

---

49) Robertson-Manuskript, S.196
50) Lutyens 1981, S.313

durch Krishnamurti, am 28.Dezember 1911 in Benares; zum zweiten die »große Erfahrung«, in der zweiten Augusthälfte des Jahres 1922 und drittens die erste »Überschattung«, erneut an einem 28. Dezember, 1925 in Adyar. Von allen drei Ereignissen liegen dramatische Augenzeugenberichte vor.

Am 11.4.1912 erscheint im »Herald of the Star« ein Artikel von C.W. Leadbeater unter der Überschrift »A Momentous Incident«. Dort berichtet er über die Geschehnisse des 28.Dezember 1911. Unter anderem schreibt er: »Durch den Saal flutete aber plötzlich ein ungeheurer Kraftstrom, der so spürbar von Krishna ausging, daß das nächste Mitglied, überwältigt von dieser wunderbaren Woge, ihm zu Füßen fiel. Ich habe niemals etwas auch nur im geringsten Ähnliches erlebt, man mußte unwillkürlich an den mächtig brausenden Wind bei der Ausgießung des Heiligen Geistes zu Pfingsten denken. Die Spannung war unerhört, alle im Saal Anwesenden waren ganz stark bewegt. Es war so, wie wir es aus den alten Büchern kannten und als übertrieben empfunden hatten. Hier aber, im zwanzigsten Jahrhundert, geschah es vor unseren eigenen Augen. ... Ich habe auf dem Gebiet der Esoterik vieles gesehen, aber niemals auf dem physischen Plan ein solches Ausströmen von Energie, noch irgend etwas Vergleichbares, das alle Menschen, die versammelt waren, so tief berührte.«[51)] Es gibt zu diesem Geschehen noch zahlreiche weitere Augenzeugenberichte, den überzeugendsten wohl von Major C.L. Peacocke[52)], der eine Charakterisierung der anwesenden Personen enthält, von hohen Offizieren über Universitäts-Professoren bis hin zu ganz einfachen Menschen, die alle im gleichen Maße von einer göttlichen Kraft überwältigt waren. Peacocke weist vor allem darauf hin, daß es völlig ausgeschlossen war, angesichts der Spannungen zwischen Engländern und Indern, daß hochrangige Offiziere und Professoren sich vor einem

---

51) Herald of the Star 2/1912, S. 33 ff. (Übers. Lutyens)
52) C. L. Peacocke, An Historial Meeting, Herald of the Star 2/1912, S. 40 ff.

jungen Hindu-Knaben zu Boden geworfen hätten (im Jahr 1911!), wenn sie nicht innerlich zutiefst berührt gewesen wären.

Der »großen Erfahrung« Krishnamurtis, im Sommer des Jahres 1922, wohnten nur drei Personen bei. Krishnamurtis Bruder Nitya, A.P. Warrington und Rosalind Williams. In einem bewegenden Brief vom 17. August 1922 berichtet Nitya von den dramatischen Ereignissen an A. Besant und C.W. Leadbeater. Krishnamurti war durch einen langen, schmerzhaften Transformationsprozeß gegangen. Eines Abends saß er meditierend unter dem jungen Pfefferbaum in Ojai, während Rosalind, Nitya und Warrington den in Meditation versunkenen Krishnamurti aus einigen Schritten Entfernung beobachteten. Dann geschah folgendes: »Der Ort schien von der Gegenwart einer großen Wesenheit erfüllt zu sein, und mich überkam ein starkes Verlangen, auf die Knie zu fallen und zu beten; denn ich wußte, daß der Große Herr, dem unser aller Herzen gehören, selber erschienen war; und obgleich wir ihn nicht sahen, fühlten wir doch alle Seine Gegenwart. Dann wurden Rosalind die Augen geöffnet, und sie sah. Ihr Gesicht verwandelte sich, wie ich es noch nie zuvor erlebt hatte. Sie war so gesegnet, daß sie mit ihren physischen Augen die Herrlichkeit dieser Nacht schauen konnte. Ihr Gesicht war verklärt, als sie zu uns sagte: »Seht Ihr Ihn, seht Ihr Ihn?« Denn sie erblickte den göttlichen Bodhisattva (Lord Maitreya), und Millionen Menschen warten viele Inkarnationen lang darauf, so einen flüchtigen Blick von unserem Herrn zu erhaschen, aber sie hatte die Augen der Unschuld und unserem Herrn gläubig gedient, und wir, die wir nicht sehen konnten, sahen die Herrlichkeit im Sternenlicht der Nacht in ihrem blassen, verzückten Gesicht widergespiegelt. Niemals mehr werde ich den Anblick ihres Gesichtes vergessen, denn jetzt fühlte ich, der ich zwar nichts sehen konnte, aber in der Gegenwart unseres Herrn frohlockte, daß Er sich uns zuwandte und ein paar Worte zu Rosalind sprach. Ihr Gesicht leuchtete in göttlicher Ekstase, als sie antwortete: »Ich will, ich will«, und sie sprach die Worte so, als wären sie ein Versprechen und in großer Freude gegebene. Niemals werde ich ihr Gesicht vergessen. Durch ihre Vision war ich selbst fast gesegnet. Ihr Gesicht spiegelte das Entzücken ihres Herzens wider, denn der innerste Teil ihres Seins war von Seiner Gegenwart entflammt, und ihre Augen waren sehend.«[53] Es dauerte viele Jahre, ehe diese Ereignisse dokumentiert und der Öffentlichkeit in allen Einzelheiten zugänglich gemacht wurden, zu heilig war allen Beteiligten und denen, die darum wußten, das Geschehene. Von diesem Augenblick an ging von Krishnamurti eine noch intensivere Ausstrahlung aus.

Die dritte »Überschattung« Krishnamurtis, im Dezember des Jahres 1925, wurde schon in den Berichten G. Hodsons angesprochen, doch soll hier noch die Schilderung einer Augenzeugin angeführt werden, die gewissermaßen ›in der Masse‹ die Ereignisse erlebte und keine bedeutende Rolle in den theosophischen Kreisen der damaligen Zeit spielte. Es handelt sich um die Aufzeichnungen einer Holländerin namens Dijkgraf. Sie überliefert das Folgende: »Plötzlich wußte ich, daß die Worte, die ich hörte, jene des Meisters waren. Ich kann es nicht genau ausdrücken, aber ich fühlte es als heilige Gegenwart in meinem Herzen, die die ganze Atmosphäre erfüllte und alles Unwirkliche verschwinden ließ. Für einen Augenblick stand mein ganzes Universum still. ... Ich schaute auf und blickte in das sanfte Gesicht Krishnamurtis. Ich konnte keine physische Veränderung beobachten, aber nie zuvor schaute ich eine größere Liebe zur Menschheit, als aus seinen Augen hervorleuchtete.«[54]

---

[53] Lutyens 1991, S.61f – Wenn man die bisher veröffentlichten Dokumente bezüglich Krishnamurtis als »der Prozeß« bezeichneten mystischen Erfahrungen überprüft, erscheint es unbegreiflich, was Radha Sloss zu der befremdlichen Aussage führen konnte, Krishnamurti habe den »Prozeß« gewissermaßen vorgespielt, um Frauen anzuziehen (vgl. Sloss S.58 ff.). Dies zeugt von einer kaum faßbaren Unkenntnis mystischer Transformationen, wenn nicht von einer willentlichen Verzerrung des Sachverhaltes. Diese Vermutung liegt daher nahe, weil Radha Sloss im Zusammenhang mit dem »Prozeß« selbst ausführt: »Diesmal weigerte er sich, Rosalind (die Mutter von Radha Sloss, Anm. d.Verf.) an seiner Seite zu haben, stattdessen rief er gelegentlich nach der abwesenden Helen, aber meistens verlangte er nach niemandem.« (Sloss, S.67) Es ist sicher legitim, die mystischen Prozesse Krishnamurtis kritisch zu hinterfragen, jedoch erscheint mir der Ansatz von R.Sloss völlig an der Realität der Geschehnisse vorbeizugehen.

[54] A.J.G. Methorst-Kuiper, Krishnamurti, Bombay 1976[2], S.21 f.

Diese drei Berichte, von drei gänzlich verschiedenen Persönlichkeiten, die in sich wieder die Erfahrungen zahlreicher weiterer Augenzeugen beinhalten, zeigen eindrücklich, welche gewaltigen geistigen Kräfte oder Wesenheiten auf den Krishnamurti der ›messianischen Epoche‹ einwirkten. Dabei kann es sich nicht in allen Fällen um Verblendung und Selbsttäuschung gehandelt haben, zu machtvoll waren die Einwirkungen einer höheren Wirklichkeit. Welche Veränderungen auch immer im Krishnamurti der Jahre nach 1930 vorgegangen sein mögen, in den ersten dreißig bis fünfunddreißig Jahren seines Lebens offenbarte sich in ihm, durch ihn und um ihn eine Sphäre des Heiligen, eine Welt vergöttlichter Wesenheiten. Es geschahen Offenbarungen, die alle transformierten, die in Krishnamurtis Kraftfeld eintraten.

Es gibt keinen Zweifel, daß Krishnamurti selbst durch die in ihn einströmende Energie tief berührt wurde. Nach den Ereignissen des August 1922 schreibt er an C.W. Leadbeater: »Ich empfinde, daß ich wieder in Fühlung mit Herrn Maitreya und dem Meister bin, und für mich gilt nun nichts anderes, als IHNEN zu dienen. Mein ganzes bewußtes Leben auf der physischen Ebene ist diesem Werk gewidmet, und das wird sich kaum ändern.«[55] Zur gleichen Zeit drückt er sich in einem Brief an Annie Besant voller Poesie aus: »Nichts würde mehr sein wie zuvor. Ich hatte von den klaren, reinen Wassern der Quelle des Lebens getrunken, und meine Seele hatte Frieden gefunden. Ich werde nie mehr dürsten, nie mehr in völliger Dunkelheit wandeln. Ich habe das Licht gesehen. Ich habe die allumfassende Liebe gespürt, die alle Not und alles Leiden heilt. Es ist nicht für mich selbst, es ist für die Welt. Ich habe auf dem Gipfel des Berges gestanden und die mächtigen Wesen gesehen. Ich kann nie wieder in absolute Dunkelheit zurückfallen; ich habe das herrliche und heilende Licht gesehen. Die Wahrheit der

[55] Lutyens 1981, S. 190. Vgl. auch E. Lutyens, S. 144, wo Krishnamurti sich als leeres Gefäß, gleich einer »kristallenen Vase« bezeichnet.

Quelle hat sich mir offenbart und die Dunkelheit zerstreut. Die Liebe in all ihrer Herrlichkeit hat mich trunken gemacht; mein Herz kann sich nie wieder verschließen. Ich habe von der Quelle der Freude und ewigen Schönheit getrunken. Ich bin trunken von Gott!«[56)]

Die Ereignisse und spirituellen Prozesse in den ersten dreißig Lebensjahren Krishnamurtis schienen alle Vorhersagen Leadbeaters zu bestätigen. Es sprach alles dafür, in Krishnamurti das Werkzeug des Maitreya oder einer anderen hohen geistigen Wesenheit zu sehen. Doch die Dinge nahmen eine andere Wendung. Zwischen 1925 und 1927 vollzog sich in Krishnamurti eine Veränderung, die ihn von der vorgeprägten Messias-Rolle weg, hin zu einem neu interpretierten Selbstverständnis als »Weltlehrer« führte. Annie Besant zeigte ein gutes Gespür, als sie Krishnamurti in einem Vortrag des Jahres 1927 wie folgt charakterisierte: »Er spricht mit großer Würde und großer Autorität. Er nimmt eine Stellung ein, wie nie zuvor. Stets schrak er vor dem Gedanken zurück, daß er von dem Weltlehrer benützt werden sollte, denn er war immer sehr schüchtern; nun erklärt er, daß er der Weltlehrer sei und er lehrt. – So stehen die Dinge jetzt. Wenn Sie mich fragen, worin die Veränderung besteht, so kann ich nur sagen, ich habe ihn durch Monate beobachtet. Es erscheint mir weniger als eine Besitznahme des Körpers wie im Jahre 1925, sondern vielmehr als der allmähliche Vorgang einer Bewußtseinsverschmelzung mit einem Teile des Bewußtseins des Weltlehrers, so weit es sich, durch die Beschränkungen des menschlichen Körpers ausdrücken kann.«[57)] Krishnamurti selbst versuchte, in mehreren Interviews auf seine Messias-Rolle angesprochen, eine eigene Interpretation seiner Aufgabe und seines Selbstverständnisses als »Weltlehrer« zu liefern. Er bezeichnete sich

---

56) Jayakar, S. 60. Vgl. auch Krishnamurti, Reden am Feuer, Jena 1929, S. 59; Krishnamurti, The Path, Ommen 1930³, S. 65, dort schreibt Krishnamurti über sich selbst: »Ich bin Gott«.

57) Vortrag Wien a. a. O, S. 12 f.

selbst erstmals 1927 als »Weltlehrer«, in jener bemerkenswerten Rede des Sommer-Camps in Eerde. »Ich habe niemals gesagt: Ich bin der Weltlehrer, aber jetzt, da ich fühle, daß ich mit meinem Geliebten eins bin, sage ich es, – nicht um Euch mit meiner Autorität zu beeindrucken, nicht um Euch von meiner Größe oder der des Weltlehrers oder selbst von der Schönheit des Lebens zu überzeugen, sondern nur, um in Euren Herzen und Euren Köpfen das Verlangen zu wecken, nach der Wahrheit zu suchen. Wenn ich sage, daß ich mit dem Geliebten eins bin – und ich werde es sagen –, dann, weil ich es fühle und weiß. Ich habe gefunden, wonach ich mich sehnte, ich bin vereinigt, so daß es keine Trennung mehr geben wird, weil meine Gedanken, meine Wünsche, meine Sehnsüchte, die dem individuellen Selbst angehören, zerstört worden sind.... Ich bin wie die Blume, die ihren Duft der Morgenluft schenkt. Es ist ihr gleichgültig, wer gerade vorübergeht.... Bis jetzt habt Ihr Euch auf die beiden Schirmherren des Ordens (Annie Besant und Leadbeater) als Autorität verlassen, auf jemanden, der Euch die Wahrheit verkünden soll, während sie in Euch selber ruht... Es bringt nichts, wenn Ihr mich fragt, wer der Geliebte ist. Wozu nützt eine Erklärung? Denn Ihr werdet den Geliebten nicht verstehen, bis ihr nicht selber fähig seid, ihn in jedem Tier, in jedem Grashalm und in jedem Leidenden, in jedem Individuum zu sehen.«[58] In einem Gespräch im Anschluß an das Eerde-Camp lieferte er gleich eine Definition des Begriffes »Weltlehrer«, die wahrhaft bezeichnend für seine Bescheidenheit einerseits und seinen Humor andererseits ist: »Es ist sehr einfach. Ein Weltlehrer ist jemand, der um die Welt reist, um zu lehren.«[59] Etwas ernster beendete er das Gespräch mit einer tiefergehenden Deutung: »Ich bin überzeugt von der Existenz eines ewigen LEBENS, das die Quelle und das Ziel bildet und doch selbst ohne Anfang und Ende ist. Nur in diesem

[58] Lutyens 1991, S. 92 f.
[59] A Discussion at Eerde, International Star Bulletin 11/1928, S. 9

LEBEN liegt die Erfüllung. Und jeder, der dieses LEBEN verwirklicht, findet den Schlüssel zur grenzenlosen Wahrheit. Dieses LEBEN ist für alle da. In dieses LEBEN sind Buddha und Christus eingekehrt. Aus meinem Gesichtspunkt habe ich es erreicht, bin ich in dieses LEBEN eingetreten. Dieses LEBEN besitzt keine Form, so wie Wahrheit keine Form, keine Begrenzung besitzt. Zu diesem LEBEN muß jeder zurückkehren.«[60] In den beiden folgenden Jahren (1928/1929) rückte Krishnamurti noch deutlicher von der ursprünglichen Messias-Rolle ab, suchte den traditionellen Hintergrund, den theosophischen oder klassisch-religiösen Kosmos, zugunsten eines eher unpersönlichen Absoluten zu verschieben. Bezeichnend dafür sind zwei Interviews aus diesen Jahren. In London erwidert er 1928 einem Fragesteller: »Mein Herr, ich habe immer und immer wieder gesagt, daß für mich Krishnamurti als solcher nicht länger existiert. So wie der Fluß ins Meer strömt und sich darin verliert, so ist Krishnamurti eingekehrt in jenes LEBEN, das für manche von Christus, für andere von Buddha repräsentiert wird oder auch vom Herrn Maitreya. Seit Krishnamurti, als voll entwickelte Wesenheit, in dieses Meer des Lebens eingekehrt ist und zum Lehrer wurde, denn im Augenblick, da man in dieses LEBEN eintritt – welches die Erfüllung aller Lehrer, das Leben aller Lehrer ist –, hört die Individualität auf zu existieren.«[61] Krishnamurti wollte einen neuen Weg beschreiten, um seine innere Erfahrung zu kommunizieren, ohne alte Raster zu verwenden und alten Denkmustern Tribut zu zollen. Die traditionellen religiösen Wege schienen ihm mehr und mehr Hindernisse denn Hilfsmittel auf dem Weg ins »pfadlose Land« zu sein. Im Frühjahr des Jahres 1929 gab er der Amerikanerin Gladys Baker ein Interview für den »Birmingham New-Age-Herald«. In der Ausgabe vom 1.4.1929 heißt es darin: »Soweit es mich betrifft, hat Krishnamurti als solcher aufge-

---

[60] ebd. S. 11
[61] Early Writings II, S. 116

hört zu existieren. ... Die Lehrer der Vergangenheit haben alle dieselben Grundgedanken wiederholt, anscheinend haben wir sie aber nicht verstanden, vielleicht wegen ihrer Einfachheit. Wenn es daher notwendig ist, der Menschheit die uralte Weisheit in neuer Form zu vermitteln, tritt jemand in die Inkarnation, dessen Aufgabe es ist, diese Wahrheiten zu wiederholen.«[62)]

Wer in den Jahren nach 1926 Krishnamurti sorgfältig beobachtet und seine Gespräche und Interviews aufmerksam gelesen hatte, der konnte nicht umhin, die tiefgreifende Veränderung zu bemerken, die sich allmählich in ihm vollzog. Zu groß wurden die Differenzen zwischen seinem inneren Anliegen und den Konzepten, in die ihn die Theosophische Gesellschaft, allen voran Arundale und Wedgwood, pressen wollten. So steuerte die Entwicklung einem Höhepunkt zu, der einen radikalen Einschnitt markieren sollte.

[62)] Gladys Baker, Krishnamurti – Who is He? The Birmingham New-Age-Herald America, Ausg. 1. 4. 1929

IV. Die Entsagung

Das Jahr 1925 muß, nach meiner Einschätzung, als *das* Schlüsseljahr in der inneren Entwicklung Krishnamurtis angesehen werden. Die Gründe dafür werde ich nachstehend aufzuzeigen versuchen.

Im Sommer versammelte sich die ›Arundale-Wedgwood-Fraktion‹ im holländischen Huizen; später stießen auch noch Annie Besant, Emily Lutyens und weitere prominente Theosophen dazu. Was sich dann ereignete, kann nur als pseudo-esoterische Hysterie bezeichnet werden. In wenigen Wochen, ja teilweise nur Tagen, erhoben sich bis dahin normale Sterbliche in die lichten Höhen von Eingeweihten und Mahatmas. Rukmini Arundale stieg innerhalb von wenigen Wochen zum Meister auf, nahm dabei drei Einweihungsstufen in drei Tagen! Bedauerlicherweise war Annie Besant kräftemäßig nicht mehr in der Lage, die Illusionen als solche zu erkennen und zu beenden. Von Leadbeater kam, nachdem er Kenntnis über die Ereignisse erhalten hatte, eine schroffe Ablehnung. Die Verärgerung Leadbeaters über den »Unsinn von Huizen« muß, wie mir Dora Kunz, zu jener Zeit eine von Leadbeaters engsten Mitarbeiterinnen, in einem persönlichen Gespräch versicherte, im inneren Kreis außerordentlich deutlich zum Ausdruck gekommen sein. Nur seine unbedingte Loyalität zu Annie Besant hielt ihn davon ab, öffentlich in aller Deutlichkeit Stellung zu beziehen.

Auf Krishnamurti übte die Einweihungshysterie und die damit verbundene Selbsternennung von Aposteln, die sich ihm geweiht hatten, eine verheerende Wirkung aus. Er war zutiefst verletzt über eine Entweihung von Namen und geist-erfüllten Handlungen, die ihm als zutiefst heilig galten. Zwei Berichte legen Zeugnis für die innere Krise ab, die die Geschehnisse in Huizen bei Krishnamurti auslösten. In London traf er wieder mit Emily Lutyens zusammen, der er resigniert seine Empfindungen mitteilte: »Sie (Lady Emily) fand ihn »schrecklich unglücklich wegen der ganzen Angelegenheit und alles bezweifelnd«. Er hatte das Gefühl, als sei etwas unendlich Kostbares, Heiliges und Privates öffentlich häßlich und lächerlich, billig und vulgär gemacht worden. Lady Emily fragte ihn, warum er nicht öffentlich sage, was er fühlte, worauf er antwortete: »Was würde das nützen?« Sie würden nur sagen, daß die Schwarzen Mächte von ihm Besitz ergriffen hätten. Er versuchte mehrere Male mit Frau Besant zu sprechen, doch schien sie – wie es Lady Emily vorkam – nicht zu begreifen, was er sagte; es war fast, als sei sie von George (Arundale) hypnotisiert.«[63] Die »schwarzen Mächte« bezogen sich auf eine Intrige Wedgwoods, der Annie Besant zu suggerieren versucht hatte, alle kritischen (aus seiner Sicht) Aussagen Krishnamurtis seien von einem bekannten Schwarzmagier inspiriert. Eine Verleumdung, die Krishnamurti zutiefst betroffen gemacht hatte. Wie übel ihm seitens Wedgwoods und Arundales mitgespielt wurde, läßt sich nur aus Berichten von Zeitzeugen schließen, da Krishnamurti, aus seiner natürlichen Höflichkeit heraus und aus Rücksicht auf Annie Besant, nicht öffentlich dazu Stellung nahm. Sidney Field erinnert sich jedoch in seinen Aufzeichnungen an Gespräche mit Krishnamurti in jenen Tagen, in denen dieser seine helle Empörung zum Ausdruck gebracht habe.[64]

Das eindrücklichste Zeugnis über Krishnamurtis Empfindungen bildet jedoch ein Brief, den er (bezeichnenderweise!) an Leadbeater schrieb. Darin heißt es: »Wedgwood verteilt ringsumher Einweihungen ... Sehr bald werden Einweihungen und geheiligte Dinge Gegenstand von Späßen sein ... ich glaube an alles so felsenfest, daß es mich weinen macht, diese geheiligten Dinge in den

[63] M. Lutyens, 1981, S. 257
[64] Vgl. Sidney Field, Krishnamurti – The Reluctant Messiah, New York 1989, S. 52

Schmutz gezogen zu sehen.«[65] Wenn man ein Gespür für Krishnamurtis seelische Empfindsamkeit besitzt, dann kommt diesen wenigen Zeilen eine außerordentliche Aussagekraft zu. Hier liegt *einer* der beiden Schlüssel für den Bruch mit seiner theosophischen Vergangenheit – der *zweite* sollte noch schmerzvoller sein.

Im Februar 1925 berichtete Krishnamurti in einem Brief an Annie Besant von einem Traum. Er war bei den Meistern gewesen, um sie zu bitten, Nitya wieder gesunden zu lassen. Der Herr Maitreya habe ihn angehört und dann geantwortet: »Er wird gesund werden.« Krishnamurti schrieb Annie Besant, wie erleichtert und glücklich er über diese Zusage gewesen sei.[66] Gemäß seines uneingeschränkten Glaubens an die Meister war Krishnamurti nunmehr *absolut überzeugt*, sein an TBC erkrankter Bruder würde geheilt werden. Am 13. November 1925, während einer stürmischen Durchfahrt des Suez-Kanals, traf das Telegramm mit der Nachricht vom Tode Nityas ein. Liest man die Berichte der Begleiter Krishnamurtis, so muß ihn die Nachricht vollständig gebrochen haben.

Ich bin überzeugt, daß in diesen Nächten sein altes Weltbild vollständig zusammengebrochen ist. Wenn man den Schlüssel für die radikale Ablehnung des esoterischen Weltbildes durch Krishnamurti sucht – hier scheint er mir zu liegen. Krishnamurti hatte in äußerster Schmerzhaftigkeit erfahren müssen, daß die esoterische Lehre (zumindest in der ihm vertrauten Fassung) ihn ›im Stich gelassen‹ hatte. Man muß einmal ganz sorgfältig seine im Jahr 1931 geäußerte Reflexion über den Tod Nityas lesen, um einerseits die verblüffende Naivität zu erspüren und andererseits das, was ich fast als eine ›Flucht in die Einheit des Absoluten‹ bezeichnen möchte. »Als mein Bruder krank war, pflegte ich nachts oft wach zu liegen, während ich die Sterne auf ihrem Weg beobachtete und mich fragte, ob sie sein Leben retten könnten. Ich betrachtete tagsüber

[65] Lutyens, S. 267
[66] Jayakar, S. 79

jeden Baumschatten und fragte ihn, ob er meinen Bruder beschützen könnte. Aber er beschützte ihn nicht. Und ich sah, daß das Leben eins ist, wenngleich es auch über viele Ausdrucksformen verfügen mag, und daß ich, solange ich mich selbst von meinem Bruder trennte, von jenem Leben, das in ihm war, mich nach flüchtigem Trost sehnen würde, nach flüchtigen Schatten des Verstehens. ... Doch von dem Augenblick an, da ich die Einheit allen Lebens erkannte ... hörte ich auf zu trauern.«[67] Diese Einheits-Mystik, die ihm half, den Schmerz und die Verlassenheit des Todes zu überwinden, rückte selbst seine eigene Wahrnehmung des verstorbenen Bruders in den Hintergrund. »Ich habe meinen Bruder gesehen. Jetzt weiß ich. Ich habe ihn gesehen, glücklich wie ein Vogel im blauen Himmel, denn es war eine außerordentliche Erlösung für ihn, von diesem Körper befreit zu werden.«[68]

Innerhalb der wenigen Tage nach Nityas Tod, noch während der Reise nach Colombo, vollzog sich der innere Wandel in Krishnamurti. So konnte ein gefestigter und gewandelter Krishnamurti in Adyar vor seine Zuhörer treten und, wie erwähnt, erstmals in der ersten Person sprechen. Diese »Offenbarung« und Nityas Tod hängen möglicherweise inniger zusammen, als dies bisher beachtet wurde. Nityas Tod öffnete das Tor zu einer Einheitserfahrung, die mit radikaler Freiheit und vollständigem Losgelöstsein verbunden war.

Der Tod Nityas war ein dramatischer Einschnitt; die sich in den Jahren zuvor und danach vollziehenden Reifeprozesse bilden eine Art Vor- und Nachspiel zum eigentlichen Akt der Entsagung in der Auflösung des »Sternenordens«. Die Messias-Rolle, im theosophischen Sinne, stieß Krishnamurti bereits zu Beginn der zwanziger

---

67) Early Writings V, S.131 (vgl. auch ebd. S.157)

68) Krishnamurti, Editorial Notes, Herald of the Star 1/1926. Diese Aussage wird in allen Veröffentlichungen (geflissentlich?) ausgelassen. Die Zitate dieses häufig angeführten Zeugnisses von Krishnamurtis Empfindungen nach dem Tod seines Bruders enden immer hinter dem vorhergehenden Absatz.

Jahre ab.[69] In der Zeit nach 1927 manifestierte sich diese Ablehnung auch nach außen. Emily Lutyens notierte sich von Krishnamurtis Ausführungen im Juni 1927 in Eerde: »Sie dürfen keine Autorität aus mir machen. Wenn ich für Sie notwendig werde, was wollen Sie tun, wenn ich einmal gegangen bin? ... Manche unter Ihnen meinen, ich könne Ihnen einen Trank geben, der Sie unabhängig macht, ich könne Ihnen eine Formal verraten, die Sie befreit – das kann ich aber nicht. Ich kann eine Tür sein, doch Sie müssen durch die Tür gehen und sich die Freiheit selbst suchen, die jenseits der Tür wartet.«[70] Noch deutlicher wurde Krishnamurti ein Jahr später: »Bitte zitieren Sie mich später nicht als Autorität, ich lehne es ab, Ihnen als Krücke zu dienen. Ich gebe mich nicht dazu her, in einen Käfig gesetzt und angebetet zu werden.«[71] Krishnamurti schlägt mit diesen beiden Stellungnahmen einen Grundton an, den er bis zum Ende seines Lebens beibehalten sollte. Noch 1985, anläßlich seiner letzten Vorträge in Saanen, macht er in seiner dritten Rede, am 14. Juli, deutlich: »Warten Sie nicht auf meine Antwort. Ich bin *nicht* Ihr Führer. Ich bin *nicht* Ihr Guru, – gottseidank! Wir sind wie zwei Brüder zusammen, und das meine ich auch so, der Sprecher meint es so. Das sind nicht bloß Worte.«[72] Trotz des radikalen Zurücknehmens seiner *Person* hegte er keinen Zweifel mehr an seiner *Aufgabe* und an seiner Legitimation als *Lehrer*. Wenige Monate vor der Auflösung des »Sternenordens«, im Mai 1929 in Ommen, verkündete er unmißverständlich: »Ich sage jetzt, und ich sage es ohne Eigendünkel, mit dem rechten Verständnis, aus klarem Geist und reinem Herzen, daß ich diese leuchtende Flamme bin, die von der Herrlichkeit des Lebens kündet. Diese Flamme, zu der alle Menschen kommen müssen, jeder einzelne, die ganze

---

69) So konnte ein aufmerksamer Beobachter bereits beim Wiener Kongreß (1923) beobachten, wie »entsetzlich Krishnamurti der Rummel um seine Person auf die Nerven ging«. So Prof. Karl Schmid in einem Brief an mich vom 24.9.81, in dem er seine eigenen Erinnerungen an jene Jahre zum Ausdruck brachte.

70) Lutyens, 1981, S.283

71) ebd., S.307

72) Die letzten Gespräche in Saanen, a. a. O., S. 83

Welt.«[73] In diesen Sätzen läßt sich, wie anhand zahlloser ähnlicher Aussagen, die merkwürdige Spannung zwischen dem Menschen Krishnamurti, in seiner radikalen Ablehnung der Guru-Rolle, und der Betonung der außerordentlichen Bedeutsamkeit der Lehre erkennen. Diese Tendenz setzt sich während seines ganzen Lebens fort, fast möchte ich von einem ängstlichen Besorgtsein um die Reinhaltung der Lehre sprechen. Diese Befürchtungen kontrastieren eigenartig mit seiner sonst stets vorhandenen geistigen Souveränität.

Am Morgen des 3. August 1929 zog Krishnamurti den endgültigen Schlußstrich unter einen denkwürdigen Abschnitt seines Lebens – er löste den »Sternenorden« auf. Jene bemerkenswerte Rede ist oft zitiert und abgedruckt worden, so daß ich mich hier auf wenige, besonders markante Sätze beschränken möchte. »Die Wahrheit, die weder Grenzen noch Bedingungen kennt und zu der kein Weg führt, ist nicht organisierbar, und es sollten auch keine Organisationen gebildet werden, um die Menschen auf einen bestimmten Weg zu leiten oder zu zwingen. Erst wenn Sie das verstanden haben, werden Sie einsehen, wie unmöglich es ist, Glauben zu organisieren. Ein Glaube ist eine rein individuelle Angelegenheit, die Sie weder organisieren können noch dürfen. Wenn Sie das dennoch tun, erstarrt der Glaube und stirbt ab, wird zu einem Bekenntnis, einer Sekte, einer Religion, die anderen Menschen aufgezwungen wird. ... Auch haben Sie die Vorstellung, daß nur gewisse Menschen den Schlüssel zum Himmelreich der Glückseligkeit besitzen. Keiner hat ihn. Keiner hat das Vorrecht, diesen Schlüssel zu besitzen. Dieser Schlüssel befindet sich in Ihrem eigenen Inneren. In der Entwicklung, Reinigung und Unbestechlichkeit Ihres Inneren liegt allein das Himmelreich der Ewigkeit. ... Mein einziges Anliegen ist es, die Menschen absolut und bedingungslos zu befreien.«[74]

[73] E. Lutyens, a. a. O. S. 172
[74] M. Lutyens, 1981, S. 317 ff.

Die Auflösung des Ordens und die Entsagung einer Messias-Rolle, die er nicht als ihm gemäß empfand, stellt ein Zeichen von Größe dar, die es im religiösen Bereich nicht häufig gegeben hat. Diese Handlung leuchtet gleich einem kristallklaren Symbol über der Wesenheit Krishnamurti, Zeichen seiner absoluten Aufrichtigkeit, Ehrlichkeit und Lauterkeit. Nur eine Seele, die wahrhaft überwunden hatte, konnte diese Kraft aufbringen, alle Bindungen (und Annehmlichkeiten!) der Vergangenheit zu durchtrennen und auf neuen Wegen zu gehen – frei und aus dem Quell der Liebe lebend.

V. Die Verwandlung

Die Lebensausrichtung und die ›Philosophie‹ Krishnamurtis veränderten sich nach der Auflösung des »Sternenordens« nicht über Nacht. Die innere Befreiung war nur durch einen äußeren Akt dokumentiert worden. Schon 1927, anläßlich des Treffens in Ommen, deutete Krishnamurti seine Intention an, die Abkehr von *jeglicher* Autorität ins Zentrum seiner ›Lehre‹ zu rücken. »Gesetzt, irgend jemand würde Euch mit Gewißheit sagen können, daß ich der Weltlehrer bin, inwieweit würde das nützen, inwieweit würde es die Wahrheit ändern? Inwieweit würde Verständnis in Euer Herz dringen und Wissen in Euren Geist einziehen? Wenn Ihr von Autorität abhängig seid, werdet Ihr Eure Grundmauern auf Sand bauen, und die Woge des Leides wird kommen und sie hinwegspülen. Aber wenn Ihr Eure Grundmauern auf Felsen errichtet, dem Felsen eigener Erfahrung, eigenen Wissens, eigener Nöte, eigenen Leides, wenn Ihr imstande seid, Euer Haus darauf zu bauen, Stein um Stein, Erfahrung um Erfahrung, dann werdet Ihr vermögen, andere zu überzeugen.«[75] Die Kontroverse mit der Theosophischen Gesellschaft erreichte hier erstmals einen Punkt, an dem unüberbrückbare Gegensätze deutlich wurden. Krishnamurti lehnte die Meister, den Pfad zur Einweihung, kurz gesagt die ganze theosophische Esoterik als unwesentlich ab. Dabei konnte er teilweise in einen beißenden Sarkasmus verfallen. So erwiderte er einmal in Eerde auf eine Frage: »Ich weiß nicht, was der theosophische göttliche Plan ist.«[76] Nach zwanzig Jahren an der Seite von Annie Be-

---

[75] Krishnamurti, Reden am Feuer, Jena 1929, S.96 f. Ähnlich im Juni 1926: »Seit vielen Leben und während dieser ganzen Inkarnation, besonders während der letzten Monate, habe ich gekämpft, um frei zu sein – frei von meinen Freunden, meinen Büchern, meinen Beziehungen.« (Emily Lutyens, S.160)

[76] Early Writings III, S.23

sant und C.W. Leadbeater steckte in diesem Satz natürlich eine unüberhörbare Polemik, nicht nur ein rhetorisch-pädagogischer Kunstgriff.

Die Jahre nach der Auflösung des »Sternenordens« und dem Tod von A. Besant und C.W. Leadbeater, im September 1933 bzw. März 1934, waren von großen Spannungen zwischen Krishnamurti und der Theosophischen Gesellschaft gekennzeichnet. Diese gipfelten in einer Art Rauswurf Krishnamurtis vom Gelände der Theosophischen Gesellschaft in Adyar, nachdem Arundale zum Präsidenten gewählt worden war. Krishnamurti bezeichnete jene theosophischen Kreise damals nur noch als »die Gang«. Leider muß auch von seiner Seite die Wahl der Worte nicht immer von größter Rücksichtnahme geprägt gewesen sein, so wenn er die leitenden Persönlichkeiten der Theosophischen Gesellschaft als »Ausbeuter« bezeichnete. Diese Kontroverse nahm eine solche Schärfe an, daß ein so besonnener und Krishnamurti stets respektierender Mann wie Geoffrey Hodson sich aufgerufen fühlte, eine ›Streitschrift‹ gegen ihn zu verfassen. Darin kommt er zu der Schlußfolgerung: »Da ich selbst Krishnamurti lange bewundert und geachtet habe, schenke ich seinen Anklagen große Aufmerksamkeit. Besonderes Gewicht besitzt dabei die Verwendung des Wortes »Ausbeuter« in Zusammenhang mit Personen wie H.P. Blavatsky, Oberst Olcott, Dr. Besant, C.W. Leadbeater und ihren Nachfolgern. Ich habe diese Menschen mit unvoreingenommenen Augen betrachtet. Ich habe sehr genau darauf geachtet, ob ich Zeichen von Selbstsucht und »Ausbeutung« in ihrem Leben und in ihren Beziehungen mit anderen erkennen konnte, vor allem in den Beziehungen mit jenen, die sich besonders zu ihnen hingezogen fühlten. Leidenschaftslos und in der glücklichen Lage, alle Fakten zu kennen, versuche ich, die Anklagen Krishnamurtis vor mir, zu einem Urteil zu kommen über die Gründer der Theosophischen Gesellschaft, ihre Führer und die Zehntausende, die sie lieben und ihr dienen. Ich verkünde mein Urteil ohne zu zögern. Es lautet: »Nicht schuldig.«[77]

Krishnamurti wollte, und dies wird im Kapitel über »Evolution« noch eingehend zu thematisieren sein, von seinem geistigen Bergesgipfel nicht mehr hinab ins Tal steigen. Er lehnte es ab, Krücken für Suchende zur Verfügung zu stellen. Genau darin aber widersprach ihm auch Annie Besant, die es als ihre Aufgabe ansah, den Schwachen Krücken zu reichen, um ihnen ein wenig weiterzuhelfen. Leider ging in der Polemik um die Meister die Auseinandersetzung um inhaltliche Fragen völlig verloren. Dies drückt sich auch noch nach vielen Jahren in einem Satz von Mary Lutyens aus, in dem sie die Situation der frühen dreißiger Jahre umreißt. »Wenn die Meister keine Geltung mehr hatten, so mußte Leadbeater, als ihr oberster Stellvertreter, alle Macht und das ganze Prestige verlieren.«[78] Es ist mir schwer verständlich, wie jemand, der Leadbeater sehr gut kannte, Monate in seinem engsten Kreis verbracht hatte, seine spirituelle Legitimation auf die Funktion eines »obersten Stellvertreters der Meister« reduzieren kann. Leadbeaters wegweisende Grundlagenwerke der Esoterik, vom »Inneren Leben« über »Gedankenformen« hin zu den »Chakras«, um nur sehr wenige zu nennen, haben Generationen beeinflußt und maßgeblich zum Aufbau eines neuen Welt- und Menschenbildes beigetragen. Eine Reduzierung seiner Person auf die Mittlerrolle zwischen dem Sucher hier und dem Meister dort, geht an seiner wahrhaften Bedeutung meilenweit vorbei.

Krishnamurti entwickelte in seinen letzten Lebensjahren interessanterweise wieder ein Gespür für die ursprüngliche Intention der Theosophischen Gesellschaft und ihrer großen Persönlichkeiten. Eine Begebenheit des Jahres 1981 dokumentiert dies deutlich.

---

[77] Geoffrey Hodson, Krishnamurti and the Search for Light, Adyar o.J., S.33 – Die Betroffenheit über die Härte der Vorwürfe von Krishnamurti, vor allem seitens jener Theosophen, die ihn von Anfang an begleitet hatten, zeigt sich in den fragenden Worten Leadbeaters, die er gegenüber der ihn pflegenden Rukmini Arundale kurz vor seinem Tod sprach: »Bin ich ein Ausbeuter?« (Sloss, S.119)

[78] Lutyens 1981, S.324

»Krishnajis Stimmung schien sich zu ändern; seine Worte kamen nun aus großer Tiefe, so als ob sie schnell unermeßliche Räume in seinem Innern durchquerten. »Ich glaube, es existiert da eine Kraft, mit der die Theosophen in Berührung gekommen waren; aber sie versuchten, sie zu konkretisieren, zu definieren. Sie waren mit etwas in Kontakt gekommen und versuchten dann, das Unfaßbare in ihre Sprache und Symbolik zu übersetzen. Dadurch verloren sie es. Dieses Gefühl begleitete mich mein ganzes Leben hindurch –, es hat nichts ... »mit dem Bewußtsein zu tun«, ergänzte Achyut. »Nein, nein. Wenn ich darüber spreche, geschieht etwas Gewaltiges. Ich kann nicht danach fragen«, sagte Krishnaji.

Eine wunderbare Stille entstand.«[79)]

In den Jahren der Wandlung Krishnamurtis vom theosophischen Messias zum Lehrer eigener Prägung, war jedoch weniger von gegenseitigem Verständnis als von Abgrenzung die Rede, wobei die Grenzlinien radikaler von Krishnamurti gezogen wurden. Gegenseitige Toleranz hatte es schwer in jenen Tagen. »Ein deutlicher Widerstand ist spürbar, der aber Toleranz genannt wird, eine Erfindung des Intellekts, an sich eine verfluchte Sache.«[80)]Dieser Haltung Krishnamurtis warf G. Hodson große Einseitigkeit und die unberechtigte Ablehnung anderer Wege und Methoden vor, eine Kritik, die Krishnamurti noch oft begegnen sollte, und nicht selten von Menschen, die ihm sehr wohlgesonnen waren. »Ist es für einen so großen Reformer wie Krishnamurti denkbar, Toleranz zu zeigen? Vielleicht ist es notwendig für ihn, in Ausgestaltung und Praxis jenes speziellen Aspektes der Wahrheit und jener besonderen Methode der Selbsterleuchtung, die er verkündigt, so eng ausgerichtet zu sein, daß er die Existenz und Wertigkeit jedes anderen Aspektes und jeder anderen Methode verleugnet?«[81)] Die Berechtigung die-

---

79) Jayakar, S. 408
80) Lutyens 1981, S. 331
81) Hodson, a. a. O., S. 51/Vgl. auch Krishnamurti, Gespräche über religiöse Irrwege, Berlin 1969, S. 39

ser anfragenden Kritik leitet sich von der Einsicht her, daß viele Menschen im Verlauf von Krishnamurtis Wandlung ›auf der Strecke blieben‹.[82] Viele seiner ehemaligen Weggefährten, darunter engste Freunde wie Emily Lutyens, verstanden ihn schlicht nicht mehr. Ihr alter, vertrauter geistiger Kosmos war unter den Schlägen Krishnamurtis zusammengebrochen, den neuen Himmel, aus dem heraus er sprach, vermochten sie nicht zu sehen. So entstand viel Leid, ein Leid, das vielleicht mit mehr Behutsamkeit zu vermeiden gewesen wäre. Wie ich aus zahlreichen Gesprächen mit Menschen aus Krishnamurtis engster Umgebung erfuhr, stellte sich Krishnamurti selbst in den letzten Jahren seines Lebens immer wieder, fast resignierend, die Frage, warum nach so vielen Jahren niemand in seiner Umgebung die »Verwandlung« vollzogen hatte.[83] War die Lehre zu abstrakt?[84] War der ›Abstand vom Gipfel zum Tal‹ zu groß? Vielleicht kommt dem Zeit-Faktor (der Evolution) doch größere Bedeutung zu, als Krishnamurti ihm zugestehen wollte. Diese Vermutung drängt sich umso mehr auf, als er selbst, auch in späteren Jahren, immer wieder auf seinen eigenen Reifeprozeß verwies. »Meine Entwicklung nimmt nie ein Ende, doch wünsche ich ein Ende zu machen mit allem, was in mir oberflächlich ist.«[85] Dagegen finden sich immer wieder Aussagen von einem eigenartigen Absolutheitsanspruch. So schreibt Krishnamurti 1932 aus Ojai: »Ich habe mich selbst revolutioniert!! Ich kann Dir nicht sagen, Mutti (i.e. Emily Lutyens, d. Verf.), was es für eine herrliche Erfahrung (glorious thing) ist, die höchste und erhabenste Wirklichkeit (thing) erfahren zu haben.«[86]

[82] vgl. ebd. S. 63
[83] Vgl. bzgl. früher Selbstzweifel Krishnamurtis: Jayakar, S. 96
[84] Vgl. zu dieser Problematik Carlo Suares, Krishnamurti and the Unity of Man, Bombay 1982^6, S. 65 f.
[85] Lutyens 1981, S. 326 f.
[86] Lutyens, Krishnamurti – The Years of Fulfilment, New York 1984, S. 23

Dieser Widerspruch zwischen Theorie (Krishnamurtis Vorträge und Gespräche) und Praxis (Krishnamurtis eigenes Erleben), um eine alte Polarität zu verwenden, ist charakteristisch für den Krishnamurti der Wandlungszeit; sie bleibt jedoch noch über viele Jahre bestimmend.

VI. Neue Wege

Die Auseinandersetzungen zwischen Krishnamurti und der Theosophischen Gesellschaft verringerten sich im Laufe der Jahre, bis sie allmählich vollständig in den Hintergrund rückten. Als 1953 Jinarajadasa starb, mit dem Krishnamurti eine lebenslange Freundschaft verbunden hatte, hörte der letzte Berührungspunkt auf zu existieren. Bevor ich auf Krishnamurtis »neue Wege« eingehe, sei daher hier ein Versuch zur Ermittlung eines ›Zwischenresultates‹ unternommen. Im Jahr 1934 sprach Krishnamurti zu einer Gruppe von Theosophen. Er wurde gefragt, ob seiner Meinung nach die Theosophische Gesellschaft ihre Bedeutung verloren habe oder noch eine Rolle in der Welt spielen würde. Seine Antwort zählt zu den bemerkenswertesten, die er je über die Theosophische Gesellschaft äußerte, und weist über den eigentlichen Horizont der Frage hinaus. »Ich frage mich, wie viele von Ihnen sich wirklich die Frage gestellt haben, warum sie ihr angehören. Wenn Sie wirklich eine soziale Körperschaft bilden, keine religiöse, keine ethische, dann besteht eine Hoffnung für ihre Zukunft in der Welt. Wenn Sie wirklich eine Gemeinschaft von Menschen bilden, die auf der Suche sind, nicht Menschen, die bereits gefunden haben; wenn sie eine Gemeinschaft von Menschen bilden, die Informationen weiterreicht, keine spirituellen Bewertungen; wenn Sie eine Gemeinschaft von Menschen bilden, die ein offenes Gesprächsforum bilden, nicht etwas für mich oder besonders Auserwählte; wenn Sie eine Gemeinschaft von Menschen bilden, unter denen es weder Führer noch Geführte gibt, dann besteht etwas Hoffnung. ... Erkennen Sie, welch außerordentlich wertvolle Gemeinschaft Sie für die Welt darstellen könnten, wenn Sie wahrhaft über alle diese Dinge nachdenken würden, in aller

Aufrichtigkeit?«[87] Die inhaltliche Kontroverse zwischen Krishnamurti und der Theosophischen Gesellschaft, die meines Erachtens über das Spezifische dieses Bandes hinausreicht, wird in bestechender Klarheit in der ›Streitschrift‹ Geoffrey Hodsons deutlich. Als erstes geht Hodson auf Krishnamurtis These ein, jeder, vom »Müllmann bis zum Universitäts-Professor«, auf welcher Stufe des Entwicklungsprozesses des Lebens er auch steht, egal ob primitiv oder genial, könne unmittelbar und vollständig zur inneren Erfüllung und Selbstverwirklichung finden.

»Warum tun sie es nicht?« stellte ich (Hodson) die naheliegende Frage.

»Weil sie es nicht wollen«, lautete die Antwort.

»Warum wollen sie es nicht?« fragte ich.

»Weil sie noch nicht genug Erfahrungen gesammelt haben.«

»Dann hat Erfahrung aber doch einen Wert.«

Mit seiner Zurückweisung von Reifung und der Bedeutung innerer Erfahrung führte Krishnamurti nach Hodsons Auffassung in eine Sackgasse. Nach Krishnamurtis Überzeugung jedoch war diese Phase nur ein notwendiger Übergang. Anhand einer zweiten Aussage wird der Dissens noch deutlicher.

»Krishnamurti sagt: »Wenn wir in der Tiefe die Bedeutung unserer Existenz verstehen, den Prozeß von Unwissenheit und Handlung, werden wir erkennen, daß das, was wir Sinn oder Zweck nennen, keine Bedeutung besitzt. Die bloße Suche nach dem Sinn des

---

[87] S. Weeraperuma, Supplement to a Bibliography of the Life and Teachings of Jiddu Krishnamurti, Bombay 1982, S.110. Vgl. in diesem Zusammenhang die bemerkenswerten Ausführungen der Präsidentin der Theosophischen Gesellschaft, Radha Burnier, die – ein Kreis schließt sich – auch Trustee der Krishnamurti Foundation ist. Sie schreibt in einem 1987 veröffentlichten Artikel: »H.P. Blavatsky warnte einmal, daß die meisten Organisationen ähnlich der unseren nicht länger als einhundert Jahre überleben. Allgemein verfangen sie sich in der eigenen Dogmatik und verfallen auf die Ebene einer Sekte. Ihre Mitglieder ruhen sich auf den Lorbeeren der Vergangenheit aus und zeigen wenig Interesse, Neues zu entdecken und weiterzutragen. Wenn der Theosophischen Gesellschaft dieses Schicksal erspart bliebe, ist dies in einem großen Maße dem kritischen Infragestellen durch Krishnamurti zu verdanken. Das mag nicht alle Mitglieder erfreut haben, hat aber neue Vitalität freigesetzt, um die fundamentalen Ziele der Gesellschaft zu verfolgen.« The American Theosophist, Fall Special Issue/1987, S.345

Lebens verdeckt ihn, führt weg vom Verständnis des eigenen Wesens.«

Dieses Zitat ist ein perfektes Beispiel für den geschlossenen Gedankenkreis, von dem ich (Hodson) mich ständig aus-geschlossen fühle, wenn ich mich bemühe, diese Lehren zu verstehen. Der Grund dafür liegt in der ersten Aussage, »wenn wir in der Tiefe die Bedeutung unserer Existenz verstehen«, die für mich am Ende, nicht am Anfang der Suche steht.

Dieses Phänomen taucht immer wieder in Krishnamurtis Ausführungen auf. Für mich setzt er das Ziel als ersten Schritt auf dem Wege der Verwirklichung an. Wenn ich mir die Freiheit nehmen darf, über jemanden zu sprechen, der soviel größer als ich selber ist, so scheint er mir nicht zu erkennen, welcher Abstand zwischen ihm, als einem großen und erleuchteten Wesen, und dem Rest der Menschheit liegt, in der er versucht, den Prozeß eigenständigen Denkens anzuregen.«

Die Sprache kommt dann auf das Problem des Verstehens und auf die Bedeutung von Meistern. Hodson führt aus: »Hier, als Beispiel, ist eine Frage, die ihm in unterschiedlicher Form häufig vorgelegt wurde. »Ich habe seit mehreren Jahren Ihren Vorträgen zugehört, doch, um ehrlich zu sein, ich habe nicht verstanden, was Sie uns vermitteln wollen.« Die Antwort ist, wie üblich, ebenso unakzeptabel (für mich!) wie die Lehren, die sie hervorgebracht haben. Krishnamurti erwidert: »Alles,was ich versuche zu bewirken, ist, Ihnen deutlich zu machen, daß das Heil nicht von außen kommt und kein Meister und keine Gesellschaft Sie zu erretten vermag.« Offensichtlich kann das nicht alles sein, was er uns zu sagen versucht; denn eine solche Aussage findet sich in allen Weltreligionen und allen großen philosophischen Systemen, und vor allem bildet es eine zentrale Botschaft jener Gesellschaft, die Krishnamurtis Hauptziel der Kritik und Bilderstürmerei darstellt – der Theosophischen Gesellschaft.«

Abschließend möchte ich noch einen Aspekt aus Hodsons Arbeit aufgreifen, den ich für besonders wichtig erachte, weil er zwei grundsätzlich verschiedene Ansätze beleuchtet: »Wenn man Krishnamurti richtig versteht, so besteht er darauf, die Veränderung mit Gewalt herbeizuführen, auf künstliche Weise. Es müssen durch eine aktive Handlung alle alten Konzepte beseitigt werden. »Wenn wir beginnen, uns mittels Experimenten zu befreien, von diesen falschen Trennungen ... werden wir eine kreative Energie freisetzen und die endlose Bewegung des Lebens entdecken.«

Meine eigene Idee von dieser Selbst-Läuterung ist jene von einem natürlichen Prozeß; sie ist das Ergebnis eines inneren Wandels, der Entfaltung des inneren Lebens. Daher ist sie nicht durch Gewalt ausgelöst. Es scheint mir wahrhaft zweifelhaft zu sein, ob sie auf künstlichem Wege zu erreichen ist.«[88] Es mag sich als hilfreich erweisen, diese Auseinandersetzung in Erinnerung zu behalten, wenn man sich dem Krishnamurti der Nachkriegsjahre zuwendet.

Die späten dreißiger Jahre waren von einer Phase des Aufbruchs und Neuanfanges geprägt. Die alten Bindungen waren zum großen Teil zerbrochen, neue mußten geknüpft werden. Allmählich stellten sich die neuen Weggefährten ein, doch es dauerte bis in die Nachkriegszeit, ehe ein äußerlich sichtbarer und Wirkungen zeigender neuer Abschnitt in Krishnamurtis Leben begann.

Die Kriegsjahre verbrachte Krishnamurti in weitgehender Zurückgezogenheit in Kalifornien, wo trotz seiner unmißverständlich artikulierten pazifistischen Grundhaltung sein Visum immer wieder verlängert wurde.

Ein Gespräch in Colombo, im Jahre 1949, zwischen Krishnamurti und Dr. Adikaram, wirft ein Licht auf seine Gedanken und die ihn beschäftigende Frage der äußeren Gestaltung seiner

[88] Vgl. für die ganze Auseinandersetzung Hodsons mit Krishnamurti: Krishnamurti and the Search for Light, a. a. O., S. 10 ff.

›Lehre‹. »Wir waren stehengeblieben. Als wir begannen weiterzugehen, fragte Krishnaji: »Wie lautet das Sanskrit-Wort für Bewußtheit?«

Adikaram zögerte einen Moment. »Es gibt eine Reihe von Worten, die den Sinn von »Wachheit«, von »Wachsein« tragen. *Vijnapitah* ist eines. *Jnana* ist ein anderes. Dann gibt es noch *Janati* oder *Jagarah*, oder auch *Prajna.«*

»Das sind gut bekannte Worte unter Sanskrit-Gelehrten?«

»Auch unter Laien.«

»Verwendet keine Sanskrit-Ausdrücke.«

Wieder blieb Adikaram stehen. Krishnamurti wandte sich ihm zu. »Indem man sie benutzt, ruft man die alte Tradition ins Bewußtsein zurück und rechtfertigt das alte Verständnis. Ein Sanskrit-Ausdruck wird Ihre Aussage mit den Erinnerungen eines damit verbundenen alten Textes verknüpfen. Sprechen Sie auf Ihre eigene Weise, mit Ihren eigenen Worten. Verwenden Sie moderne singalesische Worte.«[89)]

Der Versuch, das Unaussprechliche in Sprache zu kleiden, beschäftigte Krishnamurti sein Leben lang. Es stellt ein zentrales Charakteristikum seines eigenen »neuen Weges« dar. Schon in den frühen Jahren sprach er darüber, teilweise weit in die Zukunft schauend. Sidney Field hatte ihn nach einem Vortrag angesprochen und seine Verständnisschwierigkeiten zum Ausdruck gebracht, auch die Probleme mit Krishnamurtis Wortwahl. Er antwortete: »Ja, ich habe es heute morgen verpfuscht. Ich versuchte, etwas über eine neue Dimension zum Ausdruck zu bringen, neue Bedeutungen zu vermitteln, aber meine Worte werden im alten Sinne interpretiert. Wie ein Maler, der etwas Neues ausdrücken möchte, so lerne ich eine neue Technik. Es ist nicht leicht.« Er hielt einen Moment inne, dann fügte er hinzu. »Aber warte, bis ich sechzig bin.«[90)]

Diese »neuen Wege« versuchte er in zahllosen Gesprächen mit

---

89) Ingram Smith, Truth is a Pathless Land, a. a. O., S. 19
90) S. Field, Krishnamurti, a. a. O., S. 53

aufgeschlossenen Menschen deutlicher zu beschreiben. Dabei wandte er sich stärker der Avantgarde einer »neuen Wissenschaft« zu, repräsentiert von Persönlichkeiten wie David Bohm, Rupert Sheldrake, Jonas Salk, Maurice Wilkins und anderen. Von ihnen erhoffte er sich Verständnis für seine Botschaft; doch er stieß nach einiger Zeit immer an einen gewissen Endpunkt. Die Diskussionen bewegten sich, vor allem seitens seiner Gesprächspartner, weitgehend auf einer intellektuellen Ebene, während er aus dem Bewußtsein eines Erleuchteten heraus sprach. Die Kluft war – zu fragen bleibt nach dem Grund – nicht zu überbrücken. Es ist allerdings auffällig, daß es *keine einzige* engere Beziehung zwischen Krishnamurti und den Repräsentanten der esoterischen Tradition gab. Der Dalai Lama stellt eine der ganz wenigen Ausnahmen dar, und auch hier scheint es seitens Krishnamurtis, so teilte mir Friedrich Grohe, einer der engsten Wegbegleiter Krishnamurtis in dessen letzten Jahren, aufgrund seiner Erinnerungen an Bemerkungen Krishnamurtis am Vorabend seines zweiten Gespräches mit dem Dalai Lama mit, deutliche Vorbehalte gegeben zu haben. Vielleicht schloß sich Krishnamurti, durch seine meines Erachtens oft den Kern der Intention verfehlenden Attacken gegen die esoterische Tradition, von Menschen ab, die ihn hätten besser verstehen können als jene, mit denen er lange, oft fruchtlose Gespräche führte. Man muß sich einmal die stundenlangen Aufzeichnungen seiner Gespräche mit dem Psychologen Shainberg anschauen, um zu erkennen, daß hier ein Sehender auf einen Blinden einredete. Die Frustration Krishnamurtis ist für den Beobachter gleichsam körperlich spürbar. »Wir haben in den vergangenen fünfzig Jahren nichts anderes getan, als zu versuchen, ein paar Leuten zu helfen, aus dem Strom herauszusteigen – ohne Motiv herauszusteigen.«[91] Dies ist Krishnamurti vielleicht in stärkerem Maße gelungen, als er selbst es wahrgenommen hat – allerdings weitgehend durch sein

---

[91] Jayakar, S. 293

Wesen, nicht durch seine Lehre. Er lieferte einmal selbst ein wunderbar eindrückliches Beispiel dafür.[92] Auf einer überfüllten indischen Bahnstation kommt er mit einem eher schüchternen Mann ins Gespräch. Nach wenigen Worten bietet dieser Krishnamurti eine Zigarette an. Krishnamurti lehnt ab. Nach kurzem Schweigen stellt der Mann, sich gewissermaßen selbst fragend, fest, daß es eigentlich sinnlos sei, zu rauchen. Krishnamurti widerspricht ihm nicht, fordert ihn aber auch nicht zum Aufgeben des Rauchens auf. Daraufhin, mit einer Geste großer Entschlossenheit, schleudert der Mann die Zigaretten fort und beschließt, das Rauchen ab sofort aufzugeben. Diese kleine Anekdote führt Krishnamurti als Beleg für spontane Einsicht und tiefes, verstehendes Erkennen an. Unbegreiflicherweise kommt es ihm aber, er war einfach (welch einzigartiger Charakter!) zu bescheiden, nicht in den Sinn, daß dies sein Einfluß auf den Mann gewesen sein könnte. Millionen Raucher sehen zweifelsfrei ein, daß Rauchen eigentlich schädlich ist – und können trotzdem nicht davon lassen. Dieser Mann auf dem Bahnhof, vom geistigen Kraftfeld Krishnamurtis umgeben und im innersten Wesenskern berührt, konnte die Energie Krishnamurtis dahingehend aufnehmen, daß er ein ungesundes Laster aufgab. Die Einsicht erlangte er jedoch nicht aus dem Verständnis von Krishnamurtis ›Anti-Raucher-Programm‹, sondern weil die Begegnung mit dem Heiligen ihn innerlich, soweit es ihm möglich war, heil werden ließ.

1929 hatte Krishnamurti den »Sternenorden« aufgelöst; 1968 gründete er die »Krishnamurti Foundation«. Er mußte einsehen, daß ein organisatorischer Rahmen für sein Wirken schlicht unerläßlich war. In der Gründungsurkunde heißt es: »... die Krishnamurti Foundation ist eine neue Organisation, ohne die psychologischen Bindungen und Abhängigkeiten, die solche Organisationen her-

---

92) Vgl. diese Anekdote in: Early Writings III, S. 62

vorbringen. Es ist von großer Wichtigkeit, sich dies in allen Arbeiten, die wir zusammen durchführen, ins Bewußtsein zu rufen. Kooperation ist notwendig, aber die häßliche und brutale Seite von Organisationen hat in dem, was wir zu verwirklichen versuchen, nichts zu suchen. Es gibt viel zu tun, was in der Vergangenheit noch nicht getan wurde. Mindestens einmal im Jahr sollten wir uns zusammensetzen und freundschaftlich alle Dinge besprechen, unsere Probleme zum Ausdruck bringen und sie gemeinsam lösen.«[93] Die Krishnamurti Foundation wurde als Ergebnis jahrelanger heftiger Auseinandersetzungen mit der Krishnamurti Writings Inc. (KWINC) ins Leben gerufen, die sich unter der Leitung Rajagopals von Krishnamurti weitgehend unabhängig gemacht hatte und eher gegen die Interessen Krishnamurtis als in seinem Sinne arbeitete. Krishnamurti mußte häufig schmerzhaft erkennen, daß die allgemeinen menschlichen Schwächen, wie Neid, Eifersucht, Ehrgeiz etc., auch in seiner Umgebung (vielleicht sogar stärker) wuchsen und sich ausbreiteten. Es gab Probleme mit den Schulen, die einzelnen Zweige der Foundation gerieten sich in die Haare, Lehrer lehnten sich gegen ihn auf – es gab alle Hände voll zu tun.[94]

Wenn man als Außenstehender einmal versucht, objektiv die Geschehnisse zu betrachten, so drängt sich der Schluß auf, daß die menschlichen Schwachpunkte in den von Krishnamurti später ge-

---

93) Lutyens, Krishnamurti 1984, S. 157

94) Vgl. u.a. Lutyens, Krishnamurti – The Open Door, London 1988, S.80 u. 88 – Eine in ihrer Detailliertheit fast peinlich zu nennende Dokumentation des Streites zwischen Krishnamurti und Rajagopal liefert die Krishnamurti-Biographie von Radha Rajagopal Sloss. Es ist für den Außenstehenden fast unmöglich, die Verhaltensweisen der beiden Hauptbeteiligten einzuschätzen. Während Radha Rajagopal Sloss ihren Vater mehr in der Rolle des Opfers darstellt, wird dies von Beteiligten auf der Seite Krishnamurtis genau anders beurteilt. Wie mir Mary Lutyens in einem Telefongespräch nach dem Erscheinen des Sloss-Buches mitteilte, arbeitet sie bereits an einer Gegendarstellung, die möglicherweise mehr Licht in diese mehr als betrüblich zu nennende Episode bringen wird. Eines jedoch kann hier festgehalten werden. Was immer die KWINC unter Rajagopal an Mitteln erhielt, es waren Gelder, die zumindest mittelbar auf Krishnamurtis geistige Arbeit zurückzuführen waren. Von daher kann es keinen Zweifel geben, daß es sein gutes Recht war, von Rajagopal zu fordern, wieder in den Vorstand der Stiftung aufgenommen zu werden. Dies war ein *moralisches* Recht, unabhängig was für juristische Absprachen vorausgegangen waren.

gründeten Organisationen die gleichen waren wie im »Sternenorden«, vielleicht mit leicht geänderten Vorzeichen. Diese Einsicht muß Krishnamurti bewogen haben, kurz vor seinem Tod ein Memorandum für die Foundation zu verabschieden. »Unter keinen Umständen wird sich die Foundation noch irgendeine Institution unter ihrer Schirmherrschaft oder eines ihrer Mitglieder als Autorität in Hinsicht auf die Lehren von Krishnamurti ausgeben. Dies geschieht in Übereinstimmung mit Krishnamurtis Erklärung, daß sich niemals irgendwo jemand als Autorität für Krishnamurti oder seine Lehre aufspielen darf.«[95)]

Man mag sich fragen, warum sich Krishnamurti, angesichts des Unverständnisses, auf das er stieß, nicht einfach zurückzog und jenem alten Wunsch nachgab, Sannyasin zu werden. Er gab selbst, 1980 in Brockwood in England, die schönste Antwort darauf: »Was für ein Motiv hat Krishnamurti? Ich meine, wenn man etwas Wahres und Schönes sieht, dann möchte man es anderen Menschen aus Zuneigung, aus Mitleid, aus Liebe mitteilen. Und wenn es welche gibt, die kein Interesse daran haben, ist das auch in Ordnung. Aber jene, die daran interessiert sind, können sich vielleicht treffen. Können Sie eine Blume fragen, warum sie wächst, warum sie duftet? Aus demselben Grund hält der Sprecher Reden.«[96)]

95) ebd. S. 131
96) Krishnamurti, Fragen und Antworten, München 1985, S. 131

VII. Der revolutionäre Weise

»Denn in der Welt sind viele unwahre Gedanken, viel törichter Aberglaube; und wer Sklave dieser Dinge ist, kann keine Fortschritte machen. Deshalb darfst du nicht einen Gedanken annehmen, weil andere ihn für wahr halten, auch nicht, weil man seit Jahrhunderten daran geglaubt hat, noch auch, weil er geschrieben steht in einem Buch, das man für heilig hält. Du mußt darüber selbst nachdenken; und du mußt selbst urteilen, ob er vernünftig ist. Merke dir, wenn auch tausend Menschen übereinstimmen im Urteil über eine Sache, von der sie nichts wissen, so ist ihre Meinung wertlos. Wer auf dem Pfade wandeln will, muß lernen, für sich selbst zu denken, denn der Aberglaube ist eines der größten Übel in der Welt, eine der Fesseln, von denen du dich befreien mußt.«[97] Wenn das Zitat nicht die Quelle ausweisen würde, könnte man, und dies wäre gut zu belegen, annehmen, eine der grundlegenden Aussagen des Krishnamurti *in seiner nach-theosophischen Zeit* vor sich zu haben. Es erscheint mir nicht ohne Bedeutung, auf diesen schon früh erkennbaren Grundton hinzuweisen.

Nahezu zwanzig Jahre später (1928) ruft Krishnamurti seinen Zuhörern zu: »Werdet nicht Nachfolger oder Schüler einzelner Lehrer, sondern werdet Tabernakel der Wahrheit…«[98] Hier stoßen wir erneut auf den Gegensatz Individualität – Universalität. Für viele spirituelle Lehrer bilden beide Aspekte eine Ganzheit, das Universelle drückt sich im Individuellen aus; für Krishnamurti dagegen liegt allein im Universellen die Wahrheit, die individuelle Komponente bildet eher ein Hindernis für ihre Offenbarung. In

---

97) Alcyone, Zu Füßen des Meisters, Graz 1976^5, S. 20

98) Early Writings I, 92

seiner Frühzeit hatte Krishnamurti dies einmal mit brutaler Offenheit zum Ausdruck gebracht: »Eines Tages, wenn ich dem allen wirklich ganz auf den Grund gekommen bin, werde ich mich einschalten und tun, was ich für richtig halte und werde jeden aufhängen, der ein persönliches Element in die Sache einbringt.«[99] Wenn Krishnamurti sich mit ernsthaften Suchern auseinandersetzte, konnte seine Kritik moderater ausfallen, teilweise sogar ein Interesse an esoterischer Philosophie anklingen. In seinen Gesprächen mit Rom Landau, die ich zum Aufschlußreichsten zähle, das je über Krishnamurti veröffentlicht wurde, kam einmal die Rede auf Rudolf Steiner. »Ich habe Steiner nie studiert, und ich würde mich freuen, wenn Sie mir mehr über ihn erzählen könnten. Alles, was ich über Steiner weiß, entspringt gelegentlichen Bemerkungen Annie Besants. Ich glaube, sie hegte eine große Bewunderung für Steiners ungewöhnliche Gaben und bedauerte den Bruch ihrer Beziehung, aber ich habe mich niemals angemessen mit ihm beschäftigt. Was okkulte Wahrnehmungen betrifft, so halte ich diese nicht für wahrhaft spirituell; es sind eher gewisse Forschungsmethoden. Das ist alles. Sie mögen gelegentlich spirituell sein, aber sie sind es nicht immer oder notwendigerweise.«

»Sie haben nie eines von Steiners Büchern gelesen?«

»Nein, auch keines anderer Philosophen.«

»Aber Steiner war kein Philosoph«, unterbrach ich.

»Ja, ich weiß. Ich meinte nur Autoren philosophischer oder ähnlicher Schriften. Ich kann sie nicht lesen. Es tut mir leid, aber ich kann es schlechterdings nicht. Zu leben und auf das Leben einzugehen, daran bin ich interessiert. Alle Theorie schreckt mich ab.«[100] Wieder stoßen wir auf einen der äußerst seltsamen Aspekte Krishnamurtis, die tiefe Aversion gegenüber esoterischen Lehren, der fehlende Zugang zur esoterischen Tradition überhaupt. Der junge

---

[99] Mary Lutyens 1981, S. 145

[100] Rom Landau, God is my Adventure, London 1964, S. 208

Krishnamurti pflegte Edgar Wallace zu lesen, während die Mitglieder des »Sternenordens« über das ›Kommen‹ meditierten, und der Krishnamurti der Altersjahre pflegte am Flughafen stets dem Drehregal mit kriminalistischer Belletristik einen Besuch abzustatten. Vielleicht bedurfte es dieser inneren Aus- oder Abgrenzung für Krishnamurti, um seinen eigenen, unverwechselbaren Weg zu finden. Ein in den achtziger Jahren über ihn gedrehter Film trägt den bezeichnenden Titel »Der Seher, der einsam seinen Weg geht«. Diese Einsamkeit hängt verständlicherweise mit seiner Radikalität zusammen, was Krishnamurti wohl bewußt war. »Egal ob der Buddha, Christus, der Papst oder Herr Reagan mir vorschrieben, was ich zu tun hätte ... Ich würde es nicht tun. Das bedeutet, in außerordentlichem Maße alleinstehen zu können.«[101)] Kein anderer Mystiker, Weiser oder Philosoph hat solche radikalen Forderungen erhoben – gegen sich selbst und gegenüber anderen. Dies mußte zwangsläufig eine Art elitären Charakter seiner Lehre initiieren, denn nur wenige würden bereit sein, ihm hier zu folgen, vor allem, weil vielen schlicht das Verständnis für seine Aussagen fehlte. Doch »diese wenigen zählen«, wie Krishnamurti Landau versicherte. Er wolle nicht zu Leuten sprechen, die »ein Sanatorium benötigten«, sondern, erklärte er Landau: » Sie müssen verstehen, daß ich nur zu Menschen sprechen kann, die bereit sind, sich selbst zu revolutionieren, um die Wahrheit zu finden.«[102)] Es berührt mich eigenartig, im gleichen Gespräch dann den Satz zu lesen: »Ich muß bekennen, es macht mich traurig, daß ich nicht so vielen Menschen helfen kann, wie ich möchte.«[103)] Stand hier ein persönliches Element dem Christus-Impuls (oder welchen Namen man auch nehmen mag) entgegen oder enthielt Krishnamurtis ›Auftrag‹ diese Be-

---

101) Mary Lutyens 1988, S.94

102 Landau, a.a.O.,S. 215 Vgl. auch Jayakar, S.404: »Die Lehren sind nicht die Bücher. Die einzige Lehre lautet: Betrachte dich selbst. Erforsche dich selbst – und geh darüber hinaus. Es geht nicht darum, eine Lehre zu verstehen, es geht darum, dich selbst zu verstehen. Krishnamurtis Worte sollen den Weg zeigen. Das Verstehen deines Selbst ist die einzige Lehre.«

103) Landau, a.a.O. , S.216

grenzung? Man muß Krishnamurtis Eingeständnis konfrontieren mit der hilflosen Frage eines Zuhörers: »Ich strebe nur nach Einem: den wahren Zweck des Lebens zu erfahren, und Sie überschütten mich mit Dingen, die über meinen Verstand gehen. Können Sie mir nicht mit einfachen Worten die wahre Bedeutung des Lebens erklären?«[104] Hier liegt die Tragik des revolutionären Weisen Krishnamurti – er konnte es nicht. Aber er vermochte die Antwort vorzuleben. So erklärt sich der tiefe Sinn, wenn er, drei Jahre vor seinem Tod, in einem Gespräch mit Jonas Salk, eine Lichtmetapher zur ›Erhellung‹ dieser Problematik aufgreift. »Sehen Sie«, sagte Krishnamurti, »daraus besteht das ganze Konzept – daß es Menschen gibt, die helfen. Nicht führen, nicht Ihnen vorschreiben, was Sie zu tun haben, das ist zu albern. Sondern, genau wie die Sonne, Licht schenken. Und wenn Sie in der Sonne sitzen möchten, so sitzen Sie in der Sonne. Und wenn Sie nicht möchten, so sitzen Sie im Schatten.«

»Es ist eine Art von Erleuchtung«, bemerkte Salk.

»Es ist Erleuchtung«, antwortete Krishnamurti.[105]

Viele Menschen kamen zu Krishnamurti, um ihn zu fragen, ob nicht auch ihr Weg der ›richtige‹ sei. Eine seiner Antworten lautete: »Das mußt du selbst wissen. Wenn es dir ehrlich so scheint, so ist es für dich sicherlich so. Meine eigene Idee ist zwar eine andere.«[106] Er wollte keine Antwort geben, weil er glaubte, niemand könne eine Antwort geben. »Kann irgend jemand Ihnen sagen, was wahr ist? Kann irgend jemand Ihnen sagen, was Gott ist? Niemand kann es – Sie müssen es selbst herausfinden.«[107] Diese Radikalität ver-

---

[104] Krishnamurti, Konflikt und Klarheit, Bern o.J., S.163

[105] Lutyens 1988, S.69 f. Vgl. auch Krishnamurti, Die Welt des Friedens, München 1985, S.157: »Wenn Sie K. zuhören, belehrt er Sie nicht. Er stellt einen Spiegel vor Ihnen auf, damit Sie sich darin sehen können. Und wenn Sie sich selber sehr klar darin erkennen, können Sie den Spiegel zerbrechen und unabhängig von dem Mann sein, der den Spiegel hält.«

[106] C. Vitelleschi, Ethik als Tat, Jena 1930, S.18

[107] Early Talks II, S.129

leitete Krishnamurti zu Stellungnahmen, die nicht selten von Intoleranz geprägt waren. Seine Stellungnahmen zu bestimmten religiösen Lehrern (z.B. Maharishi Mahesh Yogi), denen er nicht selten reine Gewinnsucht unterstellte, berühren teilweise peinlich. Kritik ist immer akzeptabel, aber sie sollte konstruktiv, von Sachargumenten getragen und nicht von unreflektierter Aversion bestimmt sein. Es klingt anmaßend, wenn Krishnamurti, der von sich selbst oft gesagt hatte, er sei »eins mit dem Geliebten«, er habe »aus der Quelle getrunken« und »die Einheit erfahren«, urteilt: »Wenn der Guru sagt, er weiß, können Sie sicher sein, daß er nicht weiß.«[108] Dieser Widerspruch zeigt sich auch in seiner Abqualifizierung von »Bücherwissen«: »Glauben Sie ernsthaft, Sie könnten aus Büchern lernen?«[109] Es drängt sich die Frage auf, warum er selbst schrieb und seine Vorträge in Buchform veröffentlichte. In diesem Zusammenhang fielen mir zwei Botschaften der Meister aus Krishnamurtis früher Zeit auf. Die eine findet sich in »Zu Füßen des Meisters«: »Jetzt, da deine Augen geöffnet sind, kann dir wohl einiges von deinem alten Glauben und den alten Zeremonien töricht erscheinen; und vielleicht ist es auch wirklich so. Gleichwohl achte die Zeremonien um der guten Seelen willen, für die sie noch von Bedeutung sind, wenn auch du selbst nicht mehr an ihnen teilnehmen kannst. Sie haben ihren Zweck und ihren Nutzen. Sie gleichen jenen zwei Linien in den Schreibheften, die deine kindlichen Schriftzüge gerade lenkten, bis du lerntest, weit besser und freier ohne sie zu schreiben. Es gab eine Zeit, da du sie brauchtest; jetzt liegt sie weit hinter dir.«[110] Die zweite Botschaft stammt angeblich vom Meister Kut Humi und wurde von C.W. Leadbeater für Krishnamurti empfangen: »Auch auf dich setzen wir die größten Hoffnungen. Werde gelassen und weitschauend, und strebe immer mehr danach, deine Seele und deinen Verstand dem wahren Ich in dir

[108] Krishnamurti, The Awakening of Intelligence, London 1990, S. 24
[109] Landau, a. a. O., S. 207
[110] Alcyone, S. 42

dienstbar zu machen. Sei tolerant gegenüber abweichenden Meinungen und Verfahren, denn meistens ist irgendwo doch ein Bruchteil der Wahrheit darin verborgen, wenn auch oftmals so verzerrt, daß man sie nicht erkennen kann. Suche nach dem geringsten Lichtschimmer in der stygischen Finsternis der ignoranten Geister, denn dadurch, daß du ihn erkennst und erziehst, kannst du einem kleinen Bruder helfen.«[111] Beide Aussagen scheinen mir, Krishnamurtis Leben und Lehre betrachtend, wie mahnende Prophezeiungen hinsichtlich einer möglichen Gefahr. Vielleicht ließ Krishnamurti in seiner Radikalität zu sehr die Begrenztheit des Menschen in seiner gegenwärtigen Entwicklungsphase außer acht; vielleicht wollte er zu viel zu schnell. Von einem gewissen Gesichtspunkt aus ist der Satz sicher zutreffend, daß »echte Demut keine Scheidung zwischen Meistern und Schülern kennt«[112], doch wer befand sich außer Krishnamurti auf jener Höhe, von der dieser Satz mit Recht gesprochen wird? Krishnamurti wollte die Menschen in eine Freiheit führen, zu der sie möglicherweise noch nicht reif waren. So konnte Emily Lutyens verzweifelt schreiben: »Er hatte mir den Boden unter den Füßen weggezogen, und ich fühlte mich, als fiele ich ins Nichts.«[113]

Die »Realität«, von der Krishnamurti sprach, war für Emily Lutyens und viele andere keine be-greifbare Wirklichkeit. Sie vermochten es nicht, Krishnamurti ans ›andere Ufer‹ zu folgen. »Ich

---

111) Lutyens 1981, S.174

112) Krishnamurti, Gedanken zum Leben, Hamburg 1957, S.24

113) Emily Lutyens, S.183 In diesem Zusammenhang sollte der Hinweis auf die von Cyril Scott anonym herausgegebenen Bände »Der Eingeweihte« nicht fehlen. Dort läßt er im zweiten Band zwei »Meister« über Krishnamurti sprechen. »Mein Bruder Koot Hoomi hat wohl gesprochen, als er sagte, daß Krishnamurti all die vielen Treppen zu Gott zerstört hat, während seine eigene nicht bis ans Ziel führt.«

»Und auch nie geeignet wäre für alle, in jedem Fall«, ergänzte J.M.H. ....

Sir Thomas nickte zustimmend. »Und während er sie angeleitet hat, alle Meister abzulehnen, weigert er sich selbst, ihnen ihr Guru zu sein.« Der alte Herr schwieg einen Augenblick und schüttelte dann traurig den Kopf. »Kinder schreien in der Nacht geistiger Verdunkelung, und keiner hilft ihnen ... Der, der helfen könnte, tut es nicht, und wir, die helfen möchten, können es nicht, denn Zweifel hat ihren Glauben an unsere Existenz vergiftet. Kein Wunder, daß Koot Hoomis Züge etwas traurig aussehen.« Der Eingeweihte, Bd.2, München 1986, S.302 f.

verstand nicht mehr, was diese Realität war«, bekennt Emily Lutyens, »und fühlte mich verlassen in dem, was für mich kalte Abstraktionen waren, die keinen Bezug zu dem Leben aufwiesen, in dem zu existieren wir hier und jetzt aufgerufen waren.«[114] Emily Lutyens fand nie wieder Anschluß an Krishnamurtis neue Wege – und wer wollte ihr die von Krishnamurti als einzig notwendiges Kriterium geforderte Ernsthaftigkeit absprechen. Sie wäre im Alter beinahe zur Römisch-Katholischen-Kirche konvertiert, konnte sich dann aber letztlich doch nicht zu diesem Schritt durchringen. Sie blieb Krishnamurti bis zu ihrem Tod in Liebe verbunden – ohne seinen Weg und seine Intention zu verstehen. In einem (unbeantwortet bleibenden) Brief vom August 1935 drückte sie ihre Kritik in wenigen bewegenden Sätzen aus: »Woher weißt Du, daß Du nicht bloß einen Fluchtweg gefunden hast? Du kannst Dich dem Leben, so wie es in all seiner Häßlichkeit ist, nicht stellen. Du bist immer in Watte gepackt gewesen – figürlich gesprochen –, Du bist der Häßlichkeit immer entgangen, indem Du an die schönsten Orte flogst, Du ziehst Dich »ständig zurück«. Du hast eine Flucht gefunden, die Dir Ekstase bereitet, aber das haben alle frommen Mystiker getan... Wie kann ich als Außenstehende wissen, daß Du mehr im Recht bist als irgend jemand anderes, der behauptet, daß er Gott, die Ekstase, die Wahrheit usw. erreicht hat?« (Auf diesen Brief gibt es keine Antwort.)[115]

Krishnamurti änderte seine Richtung nicht. Seine Forderung nach radikaler Freiheit ließ keine alten Stufenwege stehen. Auch die erschütternde Erkenntnis, daß niemand ihm auf dem »pfadlosen Pfad« nachgekommen war, ließ ihn zu keiner anderen Einschätzung finden. Er sollte ein einsames Licht in der Dunkelheit bleiben.

---

[114] Emily Lutyens, S.185 – In diesem Zusammenhang erscheint mir Rajagopals Aufforderung an Krishnamurti, er müsse mehr Geduld und Verständnis für jene Menschen aufbringen, die seinen Bruch mit der Theosophie nicht vollständig nachvollziehen konnten, verständlich und sehr berechtigt. (Vgl. Sloss, S.135)

[115] Mary Lutyens 1991, S.113

VIII. Das Geheimnis

Wie schon der Titel dieses Buches zum Ausdruck bringen soll, verstehe ich es als »Annäherung« an das Geheimnis Krishnamurti. In diesem Kapitel will ich daher versuchen, ein wenig mehr Licht auf diese geheimnisvolle, vielschichtige Wesenheit fallen zu lassen, die als menschliche Persönlichkeit den Namen Jiddu Krishnamurti trug.

Wer sich mit dem esoterischen, dem mystischen, dem geheimnisvollen Krishnamurti beschäftigt, stößt sehr schnell auf einen seltsamen Widerspruch. Der Krishnamurti der Vorträge (nach 1929) war sachlich, nüchtern, intellektuell und gänzlich frei von jeglichen Phänomenen. Der ›private‹ Krishnamurti stellt das exakte Gegenteil dessen dar, er war unbegreiflich, voller Mystik, von einer Aura des Geheimnisvollen umgeben, von unwiderstehlicher Ausstrahlung – wenn er sich nicht aus Schüchternheit zurückzog – und charakterisiert durch eine Fülle seltsamer Phänomene, die zum Teil unter der Bezeichnung »der Prozeß« bekannt wurden. Vielleicht wüßten wir heute mehr über das Mysterium Krishnamurtis, wenn er nicht selbst den ›offiziellen‹ Krishnamurti wie ein Schutzschild vor den ›privaten‹ gestellt hätte; und wenn die Menschen in seiner engeren Umgebung nicht in so befremdlicher Weise nur die sachliche Seite seines Wesens hätten nach außen dringen lassen. So dauerte es Jahrzehnte, bis eine erste umfassende Dokumentation seitens Mary Lutyens erschien; und beinahe wäre vor lauter anti-esoterischer Panik die Veröffentlichung seines »Notebooks« verhindert worden, eines mystisch-literarischen Werkes von Weltrang. Ich halte es für denkbar, sogar für wahrscheinlich, daß in den kommenden Jahren eine Fülle ›esoterischer‹ Begebenheiten ans Licht kommen wird, durch Publikationen oder Erzählungen, die deutlich machen wird, daß Krishnamurti nicht ›nur‹ ein schlichter »Transformierter« gemäß seiner eigenen Lehre war, sondern ein Eingeweihter und begnadeter Mystiker. Ein wenig mehr von dieser Seite seines Wesens zu enthüllen, stellt die Absicht dieses Kapitels dar.

Geistheilung

Krishnamurti besaß seit seiner Kindheit heilende Hände. Er nutzte diese Gabe jedoch fast nie in der Öffentlichkeit. Nur in den sehr frühen Jahren ließ er anderen gegenüber erkennen, welche Heilkraft von seinen Händen ausging. Im November 1917 schrieb Krishnamurti an Annie Besant: »Vielleicht interessiert es Sie zu erfahren, daß ich Nityas Augen behandele. Sie haben sich stark gebessert, und er kann mit dem rechten Auge sehen. Herr Fleming hat mir Unterricht im Heilen gegeben, und ich bin persönlich ganz stark daran interessiert. ... Hier (bei Herrn Sanger) kommen alle mit ihren Kopf- oder Zahnschmerzen zu mir, und so können Sie sich denken, wie populär ich bin.«[116] Wenn man ein Gespür für Krishnamurti entwickelt hat, erkennt man aus diesen Zeilen leicht, wie unangenehm dieser Ruf des »Wunderheilers« für ihn gewesen sein muß. Diese Art der Popularität entsprach so gar nicht seinem Wesen. Ein zweites Briefdokument, im September des Jahres 1932 an Emily Lutyens gesandt, macht dies schon deutlich. »In zwei oder drei Fällen habe ich mich jetzt auch im Heilen versucht, habe aber gebeten, nichts davon zu sagen. Es ging recht gut. Einer erblindenden Dame wird es hoffentlich wieder besser gehen.«[117] In den folgenden Jahren verbirgt Krishnamurti diese Gabe noch mehr. Er wollte die Menschen ganzheitlich (vom geistigen Wesen

---

[116] Mary Lutyens 1981, S.123

[117] ebd., S.329 – Auch Radha Sloss berichtet über erfolgreiche Heilbehandlungen durch Krishnamurti in ihrer Kindheit.(Vgl. Sloss, S.258) Worüber er öffentlich Zurückhaltung übte, nämlich seine Heilungsgabe, das war er im Privatbereich durchaus bereit anzuwenden.

her) heilen, sie nicht nur von einer Krankheitssymptomatik befreien, damit sie dann wieder gemäß ihrer alten Muster weiterleben konnten wie bisher.

Die beste Dokumentation des ›Heilers Krishnamurti‹ stellt die autobiographische Schrift von Vimala Thakar über ihre Begegnung mit Krishnamurti dar.[118] Darin schildert sie ihre Erkrankung und den durch Krishnamurti bewirkten Heilungsprozeß, der gleichzeitig zu einer persönlichen Transformation führte. Nach Vimala Thakars Angaben, scheint sich Krishnamurti selbst nicht in allen Aspekten über das Heilungsgeschehen im klaren gewesen zu sein. »In der Tat bin nicht ich es, der etwas tut. Es ist die heilende Kraft, die wirken wird, wenn sie überhaupt wirkt. Ich weiß nicht, was für eine Kraft es ist. Ich weiß nicht, wic sic wirkt. Es gibt also keinen Grund, sich mir gegenüber verpflichtet zu fühlen. Wenn es zur Heilung kommt, heißt das nur, daß Heilung stattgefunden hat.«[119] Die Beschreibung, die seitens Vimala Thakars über ihre Empfindungen während der eigentlichen Heilbehandlung gegeben wurde, entspricht der ›klassischen‹ Erfahrung von Geistheilungs-Patienten. »Ich spürte, wie ein sehr machtvoller und kraftvoller Energiefluß meinen Kopf durchzog und durch den ganzen Körper strömte. Der Körper wurde wunderbar entspannt. Meine Augen schlossen sich von selbst. Krishnaji nahm seine Hände fort. Ich versuchte, meine Augen zu öffnen. Es gelang mir nicht, sie genau auf einen Gegenstand zu richten. Es war wie die Rückkehr aus einem Land des Lichtes und des Friedens.«[120] Entscheidend ist in diesem Zusammenhang vielleicht auch nicht die präzise ›technische‹ Erklärung des Geschehens. Warum muß das Mysterium der Heilung, das Wirken einer Kraft, die ich mich nicht scheue »göttlich« zu nennen, in den Rahmen des irdisch Begreifbaren oder sogar Meßbaren eingezwängt werden? Krishnamurti kommentierte das Heilungsgesche-

---

[118] Vimala Thakar, Meine Begegnung mit Krishnamurti, Grafing 1989
[119] ebd., S. 45
[120] ebd., S. 46 f

hen selbst in einer Weise, die mir viel angemessener und den Wesenskern treffender erscheint. »Sie wissen ja, daß ich diese Heilkraft, oder was immer es ist, von Kind auf besaß. Ich wende sie kaum an. Doch dieses Mal drängte es mich zur Hilfe. Natürlich hat Liebe bei dieser Heilung die Hauptrolle gespielt. Sie verstehen, was ich meine, nicht wahr?«[121)]

Der heilende Einfluß Krishnamurtis konnte sich auch auf eine ganz sublime Art und Weise bemerkbar machen, ohne äußere Begleiterscheinungen wie Handauflegen oder ähnliches. Es war für die Menschen, die ihm begegneten, ein inneres Ganzwerden. Dies konnte beim Aufhören mit dem Rauchen beginnen und bei einer tiefen Meditationserfahrung enden, wie Rom Landau in seinem Erlebnisbericht schildert.[122)] Ähnlich wie Landau erfuhr Pupul Jayakar eine heilende innere Berührung seitens Krishnamurtis. Als besonders bemerkenswert in ihrem Bericht erscheint mir dabei die Vorbemerkung Krishnamurtis, die vermuten läßt, daß er in weit stärkerem Maße über ein erweitertes Wahrnehmungsvermögen verfügte, als allgemein von seiner Umgebung (vor allem der europäischen) angenommen wurde. »Er (i.e. Krishnamurti, d.Verf.) sagte: »Ich kann sehen, wenn du es möchtest.« So wurden die Dinge, die seit Jahren mein Inneres zerfraßen, ausgesprochen. Sie auszusprechen, verursachte ungeheuren Schmerz, aber sein Zuhören war wie das Zuhören des Windes oder wie die Weite und Tiefe des Wassers. Ich war zwei Stunden bei Krishnaji gewesen. Als ich den Raum verließ, fühlte sich mein Körper wie zerschlagen an, und doch spürte ich, daß mich etwas sehr Heilendes berührt hatte.«[123)]

Diese heilende innere Berührung löste auch bei Pupul Jayakar, ähnlich wie bei Vimala Thakar und anderen, eine innere Verwandlung aus. Es stellt sich die Frage, ob Krishnamurti seine Heilungsgabe nur dann einsetzte, wenn er spürte oder sah, daß mit der äu-

---

121) ebd., S. 61
122) Vgl. Rom Landau, a. a. O., S. 76 f.
123) Jayakar, S. 19

ßeren auch eine innere Heilung einherging, oder ob er die transformatorische Wirkung seiner Heilungskraft unterschätzte. Vielleicht liegt ein Schlüssel auch in seiner Schüchternheit und Bescheidenheit. Sicher ist, daß er keine Berufung zum Geistheiler im üblichen Sinne empfand. Er wollte den *Geist* heilen, aber er wollte nicht mit dem Geist *heilen*.

Hellsichtigkeit

Als Junge verfügte Krishnamurti über die ganze Palette paranormaler Fähigkeiten. Er sah Verstorbene, er konnte die Aura des Menschen erkennen, konnte Gedanken lesen und wußte, was in ungeöffneten Briefen stand.[124] Alle diese Phänomene übten aber keine sonderliche Faszination auf ihn aus. Er scheint sie so betrachtet zu haben wie ein gewöhnliches Kind die Fähigkeit zu gutem Kopfrechnen. Die Auswüchse des Jahres 1925, mit all den Pervertierungen geistiger Kräfte, scheinen bei Krishnamurti eher eine Abneigung hinsichtlich Hellsichtigkeit etc. ausgelöst zu haben, wie ein Hinweis Mary Lutyens vermuten läßt. »Die psychischen Offenbarungen von Arundale und Wedgwood im Jahre 1925 hatten ihn damals mit einem solchen Abscheu erfüllt, daß er – weit davon entfernt, solche Kräfte jemals selbst zu benutzen oder gar zu entwikkeln – von jener Zeit an fest entschlossen blieb, diese Kräfte in den Hintergrund zu drängen, falls er sie nicht ganz und gar unterdrükken könnte.«[125] Diese Vorbehalte sollten jedoch nicht zu der Annahme verleiten, Krishnamurti habe über diese Fähigkeiten später nicht mehr verfügt. Es gibt im Gegenteil eine Fülle von Begebenheiten, die nicht zu verstehen sind, ohne davon auszugehen, daß Krishnamurti in diesen Situationen mehr wahrnahm als der ›Nor-

124) Vgl. dazu u. a. Jayakar, S. 33 u. 42 sowie M. Lutyens, 1981, S. 15 f.
125) Mary Lutyens, 1981, S. 330

malmensch‹. So erlebten Krishnamurtis Begleiterinnen einmal beim Besuch eines kleinen Tempels in Tetu, wie er sich mit ihnen nicht wahrnehmbaren Kräften oder Wesenheiten auseinandersetzte. Letztlich ließ er sie nur wissen, »er habe etwas im Tempel getan und es (was immer »es« gewesen sein mag) angewiesen, an seinem Platz zu bleiben«.[126)]

Krishnamurti pflegte auch Räume, die er erstmals betrat, mit seiner Energie zu durchdringen oder zu reinigen. Wenn man ihn bat, half er diesbezüglich auch in Privatwohnungen von Freunden, wie Friedrich Grohe in seinen Erinnerungen an Krishnamurti überliefert. Krishnamurti verlor diese Kräfte nie. Noch wenige Tage vor seinem Tode wurde Scott Forbes Zeuge, wie seine Energie einen Raum zu durchdringen und zu verändern vermochte. Er erinnert sich: »Er machte etwas mit dem Raum. Man konnte ihn während des Geschehens beobachten; und der Raum war danach nicht mehr derselbe. Er gebot über all die Kraft und Herrlichkeit, die er immer besessen hatte.«[127)]

Manchmal blitzten die spirituellen Fähigkeiten Krishnamurtis ganz unerwartet auf. So verblüffte er Sidney Fields, als er ihm bezüglich der Absage einer Reise beipflichtete, bevor dieser noch mit einer Silbe die Änderung seiner Pläne erwähnt hatte.[128)] Er konnte aber auch mit großer Ernsthaftigkeit zu diesem Thema Stellung beziehen. So fragte ihn Fields einmal mit einem Anflug von Ironie, ob es nicht bequemer für ihn sei, zu seinen Treffen einfach zu levitieren. »Zu meiner Verblüffung antwortete er in aller Ernsthaftigkeit: »Ich besitze den Schlüssel zu all diesem, aber ich bin nicht interessiert.«[129)] In diesem Punkt befand sich Krishnamurti in völliger Übereinstimmung mit der indischen Tradition, gemäß welcher der Guru den Schüler ermahnt, wenn er okkulte Kräfte (Siddhis) ent-

---

126) dies., 1988, S.92
127) ebd., S.144
128) Fields, a.a.O. , S.48
129) ebd., S.65

wickele, solle er ihnen nicht verfallen, sondern ihnen keine Beachtung schenken und weiterschreiten, der göttlichen Quelle entgegen.

Eine letzte Anekdote, von besonderem Reiz, soll diese Einstellung Krishnamurtis noch einmal beleuchten. »Eines Tages saß ich (i.e. Emily Lutyens, d.Verf.) mit Krishna in den Wäldern von Shanklin, als er zu mir sagte: »Siehst Du diese kleine Elfe?« – die ich natürlich nicht sah. Er beschrieb mir ein kleines Elfenwesen, das umherhüpfte, und schien erstaunt zu sein, daß ich es nicht auch erschaute. Er war zweifellos medial, machte aber keine große Geschichte davon und schlug auch kein Kapital daraus. Für ihn war dies nur eine von vielen Fähigkeiten, wie eine Gesangsbegabung, ohne besondere Bedeutung.«[130)] Es scheint Krishnamurti, der Bürger zweier Welten war, nicht in den Sinn gekommen zu sein, daß es für den unerleuchteten Menschen eine Quelle der Inspiration und Ermutigung bedeuten könnte, ein wenig mehr über die ›Welt hinter dem Schleier‹ zu erfahren. Das Teilhabenlassen an seiner Schau hätte die Menschen nicht in Abhängigkeit von seinen ›Offenbarungen‹ geführt, wie er wohl (vor allem aufgrund seiner Erfahrungen in der Theosophischen Gesellschaft) befürchtet haben mag, sondern sie ein tieferes Gespür für die Geheimnisse der Schöpfung entwickeln lassen, solange es ihnen noch nicht möglich war, diese Sphären von Angesicht zu Angesicht zu schauen.

Wenngleich Krishnamurti seine höheren Wahrnehmungskräfte, wie auch seine Heilungsgabe, möglicherweise nur sehr zurückhaltend einsetzte, so kann doch kein Zweifel an ihrer Existenz bestehen. Es liegt mir auch keine einzige Aussage Krishnamurtis vor, in der dieser bestritten hätte, über die geschilderten Fähigkeiten zu verfügen oder sie gar generell als illusionär abgelehnt hätte. Erstaunlicherweise gab es aber auch, von einigen Indern abgesehen,

---

130) Emily Lutyens, a. a. O., S. 68 f. Vgl. auch die nicht im Scherz gesprochenen Abschiedsworte zu Mary Zimbalist: »Ein Engel begleitet dich.« Mary Lutyens 1984, S. 219

niemanden, der mit ihm ernsthaft über dieses Problem diskutierte. Ein weiteres in der Reihe der vielen unbegreiflichen Phänomene im Umfeld Krishnamurtis.

Die Meister

In den Jahren bis 1929 spielten die Meister der Hierarchie, so wie sie die Theosophische Gesellschaft nach außen darstellte, eine entscheidende Rolle im Leben Krishnamurtis. Die Tatsache, daß sie nach der Auflösung des »Sternenordens« in seinen Vorträgen praktisch keine Erwähnung mehr finden, führte zu der weitverbreiteten Ansicht, Krishnamurti habe seine »Meister-Phase überwunden« oder die Meister seien »einfach eine Illusion gewesen«. Diese voreilige Schlußfolgerung übersieht völlig die bewegenden Erfahrungen, die nicht nur Krishnamurti selbst, sondern auch die Menschen durchlebten, die seinen Begegnungen mit den Meistern beiwohnten, wobei diese »Begegnungen« nicht im Jahre 1929 endeten. Man muß einmal einige Sätze vorurteilsfrei auf sich einwirken lassen, um zu spüren, ob es sich um Wahrheit oder Täuschung handelt. »Für eine Weile spürte ich wieder die Gegenwart der mächtigen Wesen, dann waren sie verschwunden. Ich war sehr, sehr glücklich, denn ich hatte gesehen. Nichts würde mehr sein wie zuvor. Ich hatte von den klaren, reinen Wassern der Quelle des Lebens getrunken, und meine Seele hatte Frieden gefunden. Ich werde nie mehr dürsten, nie mehr in völliger Dunkelheit wandeln. Ich habe das Licht gesehen.«[131] So Krishnamurti. – »Als er den Raum betrat, veränderte sich die Atmosphäre auf wunderbare Weise. Wir spürten die Gegenwart eines ehrfurchtgebietenden Wesens, und Krishnas Gesicht zeigte einen Ausdruck höchster Glückseligkeit.«[132] So

[131] Jayakar, S. 60
[132] ebd., S. 65 und S. 136

Nitya. Dies sind nicht Beschreibungen von Halluzinationen, sondern die tiefe Berührung der Dimension des Heiligen.

Jahre später (1961) erlebte Vanda Scaravelli die Begegnung mit dieser Dimension. »Es war, als hätte eine machtvolle Gegenwart den Raum erfüllt, die einer anderen Dimension angehörte.«[133] 1973 widerfuhr es Mary Lutyens, daß sie nach einem Treffen mit Krishnamurti kurz vor ihrer Abfahrt noch einmal in den Raum zurückging, in dem sie sich beide zuvor aufgehalten hatten. Dort »stürzte eine Kraft auf sie ein«, die so gewaltig war, daß sie noch nach Jahren ein Schauer überlief, wenn sie diesen Raum wieder betrat.[134]

Es kann nicht die Rede davon sein, Krishnamurti habe von dieser anderen Realität nicht gesprochen. Im Gegenteil, es gibt zahlreiche Bemerkungen von ihm Menschen gegenüber, die ihm nahestanden, die deutlich erkennen lassen, daß er wußte, welche Wesen ihn umgaben. »Er sah mich (i.e. P. Jayakar, d.Verf.) lange an und fragte dann: »Willst du etwa versuchen, mich zu beschützen?« Er hob die Arme und sagte: »Da sind weitaus mächtigere Wesen, die mich beschützen.«[135] Auch jenes Elemental, das seinen Körper bewachte (es wird im Abschnitt »der Prozeß« beschrieben), wenn Krishnamurti diesen verlassen hatte, wußte um diesen Schutz. »Sie haben endlos lange gearbeitet, so viele Jahrhunderte, um einen derartigen Körper zu schaffen.«[136] Wer waren diese »sie«?

Krishnamurti selbst gab niemals eine präzise Antwort auf diese Frage. Nur vereinzelt blitzen Hinweise auf, versteckt in kurzen Erlebnisberichten, die er engen Freunden mitteilte. »In der vergangenen Nacht, so erzählte er uns, sei er wie aus großer Tiefe erwacht, und in seinem Inneren habe die Schwingung des Namens des »Herrn der Welt« nachgeklungen. Er hatte ein Licht gesehen, das

---

133) Mary Lutyens, 1991, S. 148
134) Vgl. Mary Lutyens, 1984, S.186
135) Jayakar, S.158
136) Mary Lutyens, 1984, S.120

»heller als die Sonne« war.«[137] Hier verwendet er selbst wieder Bezeichnungen, die der alten theosophischen Nomenklatur entlehnt sind, wohlgemerkt im Jahre 1959, dreißig Jahre nach der Auflösung des »Sternenordens«.

Es gab eigentlich nur eine Phase in den dreißiger Jahren, in der Übergangszeit der Lösung von der Theosophischen Gesellschaft und der Gestaltung seines eigenen Weges, in der er brüsk ablehnend über die Meister sprach. Aus theosophischer Sicht wurde dies mit seiner »Arhat-Einweihung« erklärt, bei der der Meister alle Führung von seinem Schüler abzieht und dieser in völliger Eigenverantwortung entscheiden muß.[138] Krishnamurti wies diese Erklärung zurück, betrachtete sie als Rückfall in alte Abhängigkeiten.[139] Als ihn später Mary Zimbalist einmal fragte, warum die Meister früher gesprochen hätten, heute jedoch nicht mehr, erwiderte er: »Es besteht keine Notwendigkeit mehr, jetzt, da der Herr (Lord) hier ist.«[140] Er bestritt weder seine Rolle als »Weltlehrer« noch leugnete er die Existenz der Meister. Seine Zurückhaltung in allen Fragen, die die Meister betrafen, erklärt sich für mich aus dem Umstand, daß er das, was ihm heilig war, nicht profaniert sehen wollte, wie es ihm schon einmal widerfahren war.

Der Prozeß

Die unter dem Stichwort »der Prozeß« beschriebenen, äußerst schmerzhaften Erfahrungen, gelten als das Herzstück des Mysteriums Krishnamurti. Vor allem seitens der mit ihm verbundenen

---

137) Jayakar, S. 222

138) Vgl. Der Eingeweihte, a.a.O., Bd.2, S.300 ff. Aus theosophischer Sicht gibt es in dieser Frage einen interessanten Hinweis von David Anrias, der manche Eigenartigkeiten Krishnamurtis aus der engen Verbindung zu bestimmten großen Devas herleitet. David Anrias, Through the Eyes of the Masters, London 1976[8], S.66 f.

139) Krishnamurtis Stellungnahme zu den Vorwürfen im »Eingeweihten« findet sich in den »Early Talks«, Bd.IV, S.100

140) Mary Lutyens, 1984, S.207

Europäer herrschte ängstliche Sprachlosigkeit hinsichtlich der beobachteten Phänomene vor. Erst mit der Biographie Pupul Jayakars wurde eine ernsthafte Analyse der Geschehnisse auf der Grundlage der östlichen Esoterik vorgenommen. Pupul Jayakars Werk macht zweierlei deutlich, zum einen spielt im »Prozeß« das Aufsteigen der Kundalini die entscheidende Rolle, zum anderen wird ersichtlich, daß Krishnamurti mit den Mitgliedern der indischen Foundation in völlig anderer Weise über die Vorgänge sprach als mit den Europäern.

Die zahlreichen Einzelberichte, von Krishnamurti selbst oder von den Menschen, die für ihn sorgten, niedergeschrieben, sind inzwischen sorgfältig dokumentiert und sollen hier nicht im Detail wiederholt werden. Vielmehr möchte ich den Versuch unternehmen, im Ablauf des »Prozesses« eine Struktur zu erkennen. Wie vollzog er sich im einzelnen?

In der Regel verspürte Krishnamurti zuerst ein gewisses Unwohlsein. Er zog sich zurück, legte sich hin und bat, ihn nicht allein zu lassen, sich aber auch nicht über das Geschehende zu beunruhigen. Häufig klagte er über Kopfschmerzen, dann kündigte er an, er würde »fortgehen« (going off). Daraufhin verließ er den Körper, der dann von einem »Elemental« übernommen wurde. Dieses sprach oft mit kindlicher Stimme, erkannte die Umstehenden nicht und stellte naive Fragen. Gegen Ende des Geschehens rief es dann: »Er kommt zurück. Seht ihr sie nicht alle, die mit ihm kommen – makellos, unberührt, rein – jetzt, wo sie hier sind, wird er zurückkommen. Ich bin so müde, aber er ist wie ein Vogel – immer frisch.«[141] Danach sprach wieder der wirkliche Krishnamurti, der in die Körperhülle zurückgekehrt war. Dann gab es noch eine Wesenheit, die nur als »er« charakterisiert wurde, ohne nähere Erläuterungen.[142] Manchmal kam noch die Vision eines »Gesichtes«

141) Mary Lutyens, 1984, S. 69
142) Vgl. dazu M. Lutyens, 1991, S. 130 u. 151

hinzu, dem Krishnamurti große Bedeutung beimaß, und das schon zu theosophischer Zeit als das Gesicht des Maitreya bezeichnet worden war. Soweit die Grundstruktur des »Prozesses«. Im Einzelfall konnte es durchaus Abweichungen geben, so variierte die Intensität der Schmerzen, die Dauer, die Atmosphäre oder auch die Übergangslosigkeit, mit der Krishnamurti seinen Körper verließ. Fast immer aber verspürten die Anwesenden das Wirken einer gewaltigen geistigen Kraft.

Einige dieser »Einwirkungen« sind durch Briefe Krishnamurtis detailliert belegt. So schreibt er im Februar 1924 an Emily Lutyens: »Sorgen Sie sich nicht um mich, denn ich bin der Überzeugung, alles ist so vorgesehen, daß ich es allein durchstehen kann. Wahrscheinlich war der weibliche Einfluß für mich nicht erwünscht und SIE sorgten dafür, daß er aufhörte. Die letzten zehn Tage waren wirklich anstrengend, mein Rückgrat und Nacken taten sehr stark weh, und vorgestern, am 27.(Februar) erlebte ich einen außergewöhnlichen Abend. Was es auch sei, die Kraft oder wie man das verflixte Ding nennen soll, kam mein Rückgrat entlang herauf zum Nacken, teilte sich dort in zwei Ströme und lief einerseits rechts und andererseits links am Kopf entlang und traf zwischen meinen beiden Augen gerade über meiner Nase wieder zusammen. Es entstand eine Art Flamme und ich sah den Herrn und den Meister. Es war ein ungeheurer Abend. Natürlich tat alles äußerst weh. Gestern abend war ich zu müde, als daß irgend etwas geschehen konnte, aber ich nehme an, es wird weitergehen, wenn ich mir auch gewiß bin, daß es bald aussetzen wird.«[143)]

Hier haben wir eine klassische Beschreibung vom Aufsteigen der Kundalini, wie sie in der indischen Tradition vielfach belegt ist. Das Eigentümliche an diesem Geschehen ist die außerordentliche Schmerzhaftigkeit, mit der das Aufsteigen der Kundalini verbunden war. An diesem Punkt stand auch Leadbeater vor einem Rät-

---

143) M. Lutyens, 1981, S. 221 f. Vgl. auch Jayakar, S. 68 f. und E. Lutyens, S. 103

sel, der Krishnamurti keine hilfreiche Erklärung anzubieten hatte.[144] Vielleicht kann ein Fall, der sich in den vierziger und fünfziger Jahren zutrug (begonnen hatte er 1937), ein wenig Licht auf die Schmerzproblematik werfen. Nach Jahren intensiver Yoga-Praxis erlebte der Pandit Gopi Krishna, ein Brahmane aus Kaschmir, das Aufsteigen der Kundalini. Auch bei ihm war der Prozeß mit außerordentlichen Schmerzen und der Erfahrung von innerem Feuer verbunden. Viele seiner Schilderungen lesen sich ähnlich wie jene Krishnamurtis. Er stellte nach einiger Zeit der Beobachtung mit Schrecken fest, daß die Kundalini nicht durch den Hauptkanal, die *Sushumna*, aufstieg, sondern durch den Nebenkanal, den sogenannten Sonnennerv *Pingala*. Er konnte sich nur Linderung verschaffen, indem er den Mondnerv *Ida* zusätzlich erweckte und damit das innere Feuer zum Erlöschen brachte.[145] Ich möchte nicht behaupten, diese Parallele enthalte die Lösung für den »Prozeß«, doch lohnt es sich für jeden Interessierten, einmal die Aufzeichnungen Gopi Krishnas nachzulesen und mit jenen Krishnamurtis zu vergleichen. Die Transformation Krishnamurtis halte ich, vergleicht man die Lebensgeschichten beider Männer, für die gewaltigere. Vielleicht liegt hier auch ein Unterschied begründet, was die Schmerzen und die Dauer des »Prozesses« anbelangt.

Auch Pupul Jayakar geht in ihrer Biographie mehrmals auf die Erweckung der Kundalini ein. Sie bezieht sich dabei u.a. auf den Vorfall: »Krishnas Gefährten bemerkten, daß sich etwas verändert hatte. Er konnte seinen Körper jetzt außerordentlich leicht und schnell verlassen und zitterte nicht mehr, wenn er in ihn zurückkehrte. Später an diesem Abend bemerkte er, »Sie« hätten das

---

[144] Wie Dora Kunz mir mitteilte, die in den zwanziger Jahren an etlichen Gesprächen zwischen Leadbeater und Krishnamurti als einzige Zeugin teilnahm, äußerte sich Leadbeater auch im privaten Kreis nie anders. Dora Kunz gewann damals den Eindruck, er habe Krishnamurti in keiner Weise beeinflussen wollen. – Nach Mary Lutyens Ansicht war das Schweigen oder die Ungewißheit Leadbeaters »eher ein Beweis seiner Klarsicht als des Gegenteils«. (M.Lutyens, 1981, S.219)

[145] Gopi Krishna, Kundalini, München 1968 (besonders S. 54 ff.)

Zentrum in seinem Kopf offengelassen. Der Mann, den sie nicht sehen konnten, kam wieder, um Wache zu halten.« Sie kommentiert diese Schilderung mit den Worten: »Dies bezieht sich wahrscheinlich auf das Öffnen eines Energiezentrums auf der Kopfmitte, das im Kundalini-Yoga als Sahasrara oder Brahmarandhra bezeichnet wird; der vollständig geöffnete tausendblättrige Lotos, der in völliger Leere ruht. Dieser Zustand geht mit einem Gefühl kosmischer Einheit einher und bedeutet endgültige Befreiung für den Yogi.«[146] Pupul Jayakar und Nandini Mehta waren im Sommer 1948 in Ootacamund (Ooty) erstmals Zeugen des »Prozesses« geworden. Offensichtlich muß es im Anschluß daran intensive Gespräche über Kundalini, Chakras etc. gegeben haben, anders läßt sich ein Brief von Krishnamurti an Nandini in späteren Jahren nicht erklären. Krishnamurti schreibt ihr: »Die Räder (»Räder« steht hier für Chakras) von Ooty arbeiten im Verborgenen, und andere Dinge sind ebenfalls im Gange. Es ist so außergewöhnlich, und Worte erscheinen so unzulänglich. Die Tage sind zu kurz, und man lebt tausend Jahre an einem Tag. Bleib wach und lebendig und laß nicht zu, daß irgend etwas die Flamme erstickt.«[147] Die Einfügung in Klammern konnte von Pupul Jayakar nur vorgenommen werden, weil sie wußte, was Krishnamurti mit »Rädern« meinte; und Krishnamurti konnte nur von »Rädern« schreiben, weil er wußte, die Empfängerin des Briefes würde ihn verstehen. Krishnamurti wußte also offensichtlich genauer über den »Prozeß« Bescheid, als viele in seiner Umgebung annahmen. Dies wird noch unterstrichen durch eine Gesprächsnotiz von Ravi Ravindra, der Krishnamurti einmal ganz direkt fragte, was denn genau unter dem »Prozeß« zu verstehen sei. Krishnamurti sah ihn mit einer gewissen Traurigkeit an und antwortete: »Jeder möchte das gerne wissen; aber dann werden sie anfangen, es nachzumachen und zu verfälschen. Nein. Es

[146] Jayakar, S. 67
[147] ebd., S. 235

kann nicht gesagt werden.«[148] Die Antwort hatte nicht gelautet, er wisse es nicht, sondern er könne (oder wolle) es nicht sagen.

Einer der Erklärungsversuche Leadbeaters hinsichtlich der ersten schmerzhaften Erfahrungen Krishnamurtis im »Prozeß« zielte auf eine mögliche Umwandlung der Zellen in seinem Körper hin. Die einströmende Energie, die den Körper Krishnamurtis als Werkzeug für den Maitreya vorbereiten sollte, stieß auf den ›Widerstand‹ der Zellen und versuchte, diese zu transformieren. Krishnamurti hatte sich lange geweigert, diese Phänomene einer öffentlichen Diskussion auszusetzen. In den siebziger Jahren ging dann aber eine Initiative von ihm aus, das Gespräch über diese Geschehnisse zu suchen; und hier tauchte die Theorie der »Zellumwandlung« wieder auf. Im Rahmen eines der Gespräche über den »Prozeß« fragte Pupul Jayakar Krishnamurti: »Glaubst du, daß die Gehirnzellen, die noch nicht auf diese ungeheuren Energien vorbereitet waren, selbst den Raum schaffen mußten, um die Energie, die das Gehirn überflutete, aufnehmen zu können? Fand in den Gehirnzellen eine physische Umwandlung statt? Oder muß man sich die Energie wie einen Laserstrahl vorstellen, der auf die Gehirnzellen einwirkte und sie so öffnete, daß sie das »Grenzenlose« aufnehmen konnten?«

Krishnaji erwiderte: »Wahrscheinlich war es so.«

Pupul Jayakar fragte dann weiter: »Ist es vielleicht so, daß wir hier zum ersten Mal beobachten können, wie ein Mensch lernt, sein volles psychisches und geistiges Potential auszuschöpfen?« »Möglicherweise«, antwortete Krishnamurti, »und genau das gleiche muß mit diesen Kindern hier geschehen (in der Rishi Valley School).«[149] Diese Aussagen decken sich auch mit einer 1961 im »Notebook« von Krishnamurti niedergeschriebenen Anmerkung

---

148) Ravi Ravindra, The Mill and the Mill-Pond, Krishnamurti Found. of America, Ojai (o.J.), S.4 – Diese Zurückhaltung Krishnamurtis führte zu solchen willkürlichen Interpretationen des »Prozesses« wie durch Radha Sloss und wird weiterhin Raum für extreme Deutungsversuche lassen.

149) Jayakar, S.137

zum »Prozeß«: »All dies scheint Auswirkungen auf das Gehirn zu haben; es ist nicht mehr das gleiche, das es vorher war.«[150] Das Gehirn mußte sich verändern, um zum Gefäß eines neuen Bewußtseins zu werden. Eine Ansicht, die Krishnamurti auch in den folgenden Jahren, vor allem in seinen Gesprächen mit David Bohm, vertreten sollte.

Seine eigene Lebenserfahrung müßte Krishnamurti eigentlich immer wieder vor Augen geführt haben, daß, im Gegensatz zu seiner Auffassung, es gebe keine spirituelle Evolution, eine ständig sich erweiternde Wahrnehmung eine Realität war. Bereits in den zwanziger Jahren hatte er von seiner Einheit mit dem Absoluten, vom Verschmelzen mit dem Geliebten gesprochen – immer mit einem gewissen finalen Beigeschmack. Dies erklärt den damaligen Advaita-Vorwurf der Theosophen. In den Jahren bis zu seinem Tod lieferte er aber zahllose Beispiele für ein immer tieferes Eindringen in ein grenzenloses Bewußtsein, eine ständig sich erweiternde Wahrnehmung einer unendlichen Realität. Noch zwei Jahre vor seinem Tod bekennt er Pupul Jayakar gegenüber: »Seit letztem Jahr erlebe ich einen Zustand, der nicht mit Worten zu beschreiben ist, er hat nichts mit Wissen zu tun. Er ist unfaßbar, völlig jenseits von Zeit.«[151] Der »Prozeß« hatte sich verändert, war nun weniger schmerzhaft, aber er war nicht beendet. Die Transformation setzte sich fort.

Das Endliche kann sich nur auf un-endlichen Wegen dem UNENDLICHEN annähern.

---

150) Notebook, S. 28 Vgl. auch M. Lutyens, 1984, S. 180
151) Jayakar, S. 453

Die Überschattung

Krishnamurti in der Fülle seiner geistigen Kraft und Krishnamurti in der Begrenztheit seiner physischen Persönlichkeit konnten von kaum faßbarer Unterschiedenheit sein. Marianne Ryzek sammelt in ihrem interessanten Buch über Krishnamurti eine Fülle von Eindrücken, und immer wieder begegnete sie diesem Phänomen.[152] Wenn Krishnamurti die Rednerbühne betrat oder sich in einer Diskussion engagierte, durchströmte ihn eine Kraft, die nicht selten von den Anwesenden physisch wahrgenommen wurde. Welche Kraft wirkte durch oder in Krishnamurti?

Schon seit seinen frühen theosophischen Jahren war sich Krishnamurti in völliger Klarheit bewußt, daß seine körperliche Hülle nicht sein wahres Wesen darstellte. Er konnte diese wie einen Kokon abstreifen und sich aufschwingen in geistige Reiche. »Ich versuchte – anfangs nicht sehr erfolgreich – herauszufinden, wie ich mich loslösen und den Körper getrennt von mir als das sehen könnte, was er ist. Ich hatte etwa zwei oder drei Tage – vielleicht auch eine Woche – damit experimentiert, als ich feststellte, daß ich für eine bestimmte Zeitspanne meinen Körper ganz leicht verlassen und ihn betrachten konnte. Ich stand neben dem Bett – ein unbeschreibliches Gefühl. Von diesem Tag an war in mir ein klares Gefühl der Losgelöstheit. Ich spürte die Trennung zwischen dem Herrn und dem Sklaven, und obwohl der Körper seine Sehnsüchte hat, den Wunsch, umherzustreifen, zu leben und zu genießen, kann er das wahre Selbst nicht im geringsten beeinflussen.«[153] Es handelt sich hier keinesfalls um eine Art medialer Trance, sondern um einen Akt klaren Bewußtseins. Krishnamurti trat in ein Über- nicht in ein Unterbewußtsein ein. In den dreißiger Jahren schreibt er dazu, einen klassischen Begriff wählend, an indische Freunde:

[152] Vgl. Marianne Ryzek, Über K., Eurasburg 1985
[153] Jayakar, S.82 Vgl. auch eine interessante Einzelheit eines »Lebens« von Krishnamurti in den »48 Leben«, die sich speziell mit außerkörperlichen Erfahrungen befaßt (Kap. XXXIV).

»Ich ruhe mich aus und gehe in Samadhi.«[154] Krishnamurtis Eintreten in eine geistige Welt muß von bestimmten Wahrnehmungen begleitet gewesen sein. Es erscheint mir unglaubwürdig, daß es sich *ausschließlich* um ein Eintauchen in ein gegenstandsloses, absolutes Sein gehandelt hat. Leider hat Krishnamurti selbst nur wenige Hinweise über diese körperlosen Erfahrungen gegeben, wenngleich er ein Jahr vor seinem Tod Mary Zimbalist gegenüber die wichtige Bemerkung fallenließ, »irgend jemand« wache über sein Leben. Er sprach nicht mehr von »etwas« oder »irgend etwas«.

Im Mai 1977 unterzog sich Krishnamurti in Los Angeles einem kleinen chirurgischen Eingriff. Im Verlauf dieser Operation verließ er seinen Körper, um ›Zeuge‹ einer ungewöhnlichen ›Begegnung‹ zu werden. Er schilderte sie Mary Zimbalist mit den Worten: »Es war eine kurze Operation und nicht wert, daß man darüber spricht, obgleich sie mit beträchtlichen Schmerzen verbunden war. Während der Schmerz anhielt, sah oder entdeckte ich, daß der Körper fast in der Luft schwebte. Das mag eine Illusion gewesen sein, irgendeine Art von Halluzination, aber ein paar Minuten später war da diese Personifikation – keine Person – aber die Personifikation des Todes. Während man dieses eigenartige Phänomen zwischen dem Körper und dem Tod beobachtete, schien es eine Art Zwiegespräch zwischen beiden zu geben. Der Tod schien mit großem Nachdruck zum Körper zu sprechen, und der Körper widerstand, gab dem, was der Tod wünschte, nicht nach. Obgleich Menschen im Raum waren, setzte sich dieses Phänomen fort, daß der Tod lockte und der Körper widerstrebte.

Es war nicht die Angst vor dem Tod, die den Körper die Forderung des Todes ablehnen ließ, sondern der Körper erkannte, daß er nicht für sich allein verantwortlich war. Es gab da eine andere Wesenheit, die darüber herrschte, die viel stärker, viel vitaler als der Tod selber war. Immer stärker wurden die Forderungen des Todes,

[154] Jayakar, S. 94

bestand der Tod darauf, und so trat das ›Andere‹ dazwischen. Dann kam es zu einem Zwiegespräch, nicht nur zwischen dem Körper, sondern auch zwischen diesem ›Anderen‹ und dem Tod. Es waren also drei Wesen, die miteinander sprachen.«[155] Besonders bemerkenswert an dieser Schilderung scheint mir der Ausdruck »Wesen«. Es handelte sich bei Krishnamurtis Erleben nicht um eine abstrakt-mystische Erfahrung (etwa das Lichterleben bei außerkörperlichen Erfahrungen Wiederbelebter), sondern um die Beobachtung von Energiefeldern, die sich zu Formen, Wesen kristallisiert hatten. Ich halte es für wahrscheinlich, daß Krishnamurti mehr zu diesen »Begegnungen jenseits der Schwelle« hätte sagen können, als er es tat, und stimme diesbezüglich der Einschätzung Mary Lutyens zu. »Seine Fähigkeit zur Loslösung von seinem Körper entzog sich dem Verstand. Er wußte offensichtlich mehr über sich selbst, als er anderen je enthüllte, doch es scheint manches gegeben zu haben, das er nicht wußte. Und hätte er es gewußt, wäre er in der Lage gewesen, es in Worte zu kleiden? Er konnte ›das Andere‹ fühlen, aber anscheinend wußte er nicht, was es war. Das ›Andere‹ war grenzenlos, wie er oft sagte. Wenn es hätte in Worten beschrieben werden können, wäre es begrenzt gewesen ...«[156] Mary Lutyens Hinweis, Krishnamurti habe einiges selbst nicht gewußt, wird nachweisbar von seinen eigenen Aussagen gestützt. So äußerte er schon 1925, nach der ersten »Überschattung durch den Maitreya«, den sehnsüchtigen Wunsch, in der Lage gewesen zu sein, die Veränderung seines Gesichtsausdruckes mit eigenen Augen beobachten zu können.[157] Diese Veränderungen sollten sich noch oft wiederholen, manchmal in beängstigender Machtfülle für die Augenzeugen.

So notierte Vanda Scaravelli in ihrem Tagebuch: »Als wir uns gerade setzten, trat für einige Sekunden ein anderer Ausdruck in seine Augen. Es war ein Ausdruck von solch ungeheurer Größe,

---

155) Mary Lutyens, 1991, S. 190 f.
156) dies., 1988, S. 100
157) vgl. dies., 1984, S. 232

solch überwältigender Macht, das man atemlos wurde.« Und an einem anderen Tag. »Wir unterhielten uns, und plötzlich leuchtete wieder dieser Blick auf. Er war gewaltig, mit dem Feuer der Zerstörung darin und einem Aufblitzen ungeheurer Stärke, so als sei das Wesen der Macht, aller Macht, in ihm zusammengefaßt.«[158)] In ihrer einbändigen Krishnamurti-Biographie überliefert Mary Lutyens noch einen weiteren Auszug aus Vanda Scaravellis Tagebuch: »Krishnamurtis Gesicht veränderte sich, seine Augen wurden größer, weiter und tiefer. Sein Blick bekam etwas Gewaltiges, jenseits von Raum und Zeit. Es war, als ob eine mächtige Erscheinung gegenwärtig wäre, die einer anderen Dimension angehörte. Ein unaussprechliches Gefühl von gleichzeitig existierender Leere und Fülle stellte sich ein.«[159)] Diese »Gegenwart« unterscheidet sich von Krishnamurtis außerkörperlichen Erfahrungen. Waren diese, nach seinem Zeugnis, häufig durch Begegnungen mit formhaften Energien charakterisiert, so offenbarte sich die »Gegenwart« eher als unpersönliche Macht. Es erscheint mir daher nicht verwunderlich, wenn Krishnamurti sie als »es«, das »Andere« oder als das »Universum« bezeichnete. »Es ist im Raum«, sagte Krishnaji. »Ich weiß nicht, ob ihr es spürt –, was ist das?« Er hatte einen seltsamen Ausdruck in den Augen. »Ich muß sehr vorsichtig mit diesen Dingen umgehen.« ... »Kommt es von außen und geschieht innen? Das Universum strömt hinein –, und der Körper kann nicht zuviel davon aushalten. Jetzt, während ich spreche, ist es sehr stark, und vor fünf Minuten war es noch nicht da.«[160)]

Dieses »es« war es, von dem Krishnamurti möglicherweise selbst nicht genau wußte, wer oder was »es« war. Eigenartigerweise scheint er nie die Möglichkeit erwogen zu haben, es könne sich um sein eigenes höheres Selbst (Monade) gehandelt haben. Diesen Ausdruck wählte er schon für seinen Astralkörper, wenn er sich au-

158) ebd., S. 116
159) dies., 1991, S. 148
160) Jayakar, S. 408

ßerhalb seiner physischen Hülle befand. Eine »Seelenfunken-Mystik«, wie wir sie etwa bei Meister Eckhart finden, zieht Krishnamurti nicht als Erklärung heran. Eher kann man an eine Einung von Geist (Nous) und Einem (Hen) im plotinischen Sinne denken. So überrascht es fast, daß Krishnamurti kurz vor seinem Tod wieder von der alten »Maitreya-Theorie« fasziniert wird. Er war in Indien mehrmals dem sehr angesehenen Pandit Jagannath Upadhyaya begegnet, der ihm in einem Gespräch mitgeteilt hatte, er habe in einem sehr alten tibetischen Manuskript (Kala Chakra Tantra) eine Prophezeiung über das Kommen des Herrn Maitreya gefunden, in dem sogar der Name Krishnamurti als sein Werkzeug genannt worden sei. Krishnamurti war ganz offensichtlich tief berührt von dieser Begegnung, ohne sie bis ins letzte bestätigen zu wollen.[161] Bedeutsam ist aber sein spontaner Ausruf, als der Pandit das Geschehen der Überschattung als »Manifestation Maitreyas« bezeichnet. »Maitreya kann sich nicht manifestieren, das wäre so, als würde sich der Himmel manifestieren. Es ist die Lehre, die sich manifestiert.«[162] Ich glaube, wir sind hier dem »Geheimnis« Krishnamurtis sehr nahe – und interessanterweise wieder am Ausgangspunkt. Schon Annie Besant wußte um dieses geheime Manuskript, das möglicherweise entscheidend für Krishnamurtis gesamten Lebensweg war. Kurz vor seinem Tod begegnet es Krishnamurti wieder. Wer möchte hier von Zufall sprechen; und wo liegt der essentielle Unterschied zwischen der »Wesenheit« Maitreya und seiner Lehre?

---

[161] Vgl. Mary Lutyens, 1988, S.92 f. 1927 sprach Krishnamurti in Ommen: »Von nun an darf ich sagen, daß ich eins bin mit »dem Geliebten« – ob Ihr es als Buddha, als den Herrn Maitreya, Sri Krishna oder mit einem anderen Namen deutet.« Reden am Feuer, a.a.O., S.91

[162] Jayakar, S.43

Krishnamurti über Krishnamurti

Die Schwierigkeit einer Dokumentation von Krishnamurtis Aussagen über seine Person, über sein Leben liegt darin, daß er angab, sich praktisch nicht mehr an das erste Drittel seines Lebens erinnern zu können. Eines der wenigen Bilder, die aus der theosophischen Periode in seinem Gedächtnis verankert blieben, ist die Szene in Adyar nach der »Apostel-Affäre«, in der er von Annie Besant gefragt wurde, ob er Leadbeater, Jinarajadasa, Arundale, Wedgwood und sie als Schüler akzeptiere. Krishnamurti lehnte dies ab, war höchstens bereit, Annie Besant zu akzeptieren.[163] Als Mary Lutyens mit den Vorarbeiten für den ersten Band ihrer Krishnamurti-Biographie befaßt war, bemühte sich Krishnamurti ernsthaft, ihr mit persönlichen Erinnerungen weiterzuhelfen, allerdings mit wenig Erfolg. Wenn er Photos von Menschen gezeigt bekam, die ihm nahegestanden hatten, vermochte er sie jedoch in der Regel zu identifizieren und zu benennen. In solchen Fällen konnte auch blitzlichtartig ein Erinnerungsfetzen vor seinem inneren Auge aufleuchten.[164] Eine derartige Episode ist von seinen Besuchen auf dem Gelände der Theosophischen Gesellschaft in Adyar überliefert, als er nach fast einem halben Jahrhundert wieder die einst vertrauten Räumlichkeiten betrat. »Dann betrat er das Zimmer von Dr. Besant. Schweigend ging er durch den Raum und blieb andächtig vor ihrem *Chowki* mit dem kleinen Schreibtisch stehen. Plötzlich fiel sein Blick auf eine große Photographie von Leadbeater. »Das hing damals noch nicht hier«, sagte er. Radha Burnier erklärte, daß es erst viele Jahre später aufgehängt worden war. Krishnaji starrte auf das Portrait, hob plötzlich die Hand und sagte: »Pax, pax.« Dann wandte er sich Radha zu und ging mit ihr aus dem Zimmer.«[165]

---

163) Vgl. Mary Lutyens, 1991, S. 83
164) Vgl. dies., 1984, S. 34
165) Jayakar, S. 378

Eine der vielen Eigentümlichkeiten des Phänomens Krishnamurti tritt auch im Zusammenhang mit der Gedächtnis-Problematik auf. Während er äußere Ereignisse offenbar kaum in Erinnerung behalten hatte, blieben innere Prozesse für ihn, auch zeitlich rückwärts blickend, voll durchschaubar. So zog er 1969 eine Verbindungslinie zwischen dem fünfundsiebzigjährigen Krishnamurti und dem Jungen Krishna. »Vor ein paar Tagen, als ich meditierte, konnte ich sehen, daß der Junge noch genauso existiert wie eh und je, das Leben hat ihn unberührt gelassen. Der Junge ist noch der gleiche, der er immer war. Es ist immer noch nötig, den Körper vor negativen Energien zu schützen.« Er machte eine Pause und sagte dann: »Ich fühle mich auch heute noch beschützt.«[166] Die Frage einer inneren Identität stand für Krishnamurti offenbar in keinem Zusammenhang mit äußeren Erinnerungen. Er mußte, um sich selbst zu verstehen, nicht auf einen Lebensrückblick Zugriff nehmen, der seine Identität anhand von historisch verifizierbaren Daten festmachte. In seinem inneren Wesen scheint sich für Krishnamurti kein Bruch ereignet zu haben. In einem Gespräch mit Susunaga Weeraperuma gab er einmal selbst eine überzeugende Erklärung für seine nicht mehr vorhandenen Erinnerungen: »Erinnerung ist in den Gehirnzellen gespeichert. Wenn das Bewußtsein vollständig transformiert ist, erfahren die Gehirnzellen eine Verwandlung. Es handelt sich um eine fundamentale Veränderung, die nicht in wissenschaftlichen Begriffen erklärt werden kann. Bevor Sie diese Verwandlung nicht persönlich erfahren haben, werden Sie nicht begreifen, wovon ich spreche.«[167] Krishnamurti hatte sich verwandelt, transformiert. Doch wer oder was war es, der oder das diese totale Transformation ausgelöst, bewirkt hatte, die selbst die Zellstruktur mit einbezog?

Krishnamurti äußerte sich über die Kraft oder die Wesenheiten,

---

166) ebd., S. 282

167) Susunaga Weeraperuma, Krishnamurti as I knew him, Bombay 1988, S. 150

die sein Leben lenkten und behüteten, nur mit größter Zurückhaltung. In der Regel sprach er nur von einem »es« oder einem »etwas«. »Da ist etwas. Viel zu groß, um in Worte gekleidet zu werden. Es gibt sozusagen ein gewaltiges Reservoir, daß – falls der menschliche Geist es zu erreichen vermag – etwas enthüllen kann, das keine intellektuelle Mythologie, Erfindung oder Dogma je enthüllen kann. Ich mache daraus kein Geheimnis, das wäre ein dummer, kindischer Trick, etwas ganz Schändliches, wenn man es täte. Denn es würde bedeuten, daß man die Menschen ausbeutet. Entweder macht man ein Geheimnis, wenn es gar keines gibt, oder es gibt ein Geheimnis, dem man sich nur mit großer Feinfühligkeit und vorsichtig nähern darf. Und das kann der bewußte Verstand nicht. Es ist da. Es ist da, aber Ihr könnt nicht zu ihm gelangen, Ihr könnt es nicht einladen. Es ist keine allmähliche Verwirklichung. Es gibt da etwas, aber das Gehirn kann es nicht begreifen.«[168] Immer wieder antwortete er auf Fragen nach diesem »etwas«, der Fragesteller könne es nicht verstehen. Mit geradezu schockierender Offenheit machte er diese Begrenztheit Mary Zimbalist deutlich, jenem Menschen, der ihm in den letzten Jahren seines Lebens nahegestanden hatte wie kein zweiter. »Ich werde nicht plötzlich sterben, ich bin bei guter Gesundheit, mein Herz – alles ist in Ordnung. Es ist jemand anders, der darüber bestimmt. Ich kann darüber nicht sprechen. Man erlaubt es mir nicht, verstehst Du? Es ist viel ernster. Es gibt Dinge, von denen Du nichts weißt. Außerordentliches, und ich kann es Dir nicht sagen. Es ist sehr schwer, ein Gehirn wie dieses zu finden, und solange es der Körper schafft, muß er weitermachen, bis Etwas sagt – genug.«[169] Erst in seinen letzten Lebensjahren offenbarte Krishnamurti mit aller Konsequenz, wie unauflöslich dieses »etwas« mit seinem Körper verbunden war. So entstand neun Tage vor seinem Tod diese ungeheuer schwerwiegende Aus-

[168] Mary Lutyens, 1991, S. 169 f.
[169] ebd., S. 239

sage: »Viele Jahrhunderte lang werdet Ihr keinen solchen Körper finden oder diese höchste Intelligenz, die in einem Körper wirkt. Ihr werdet sie nicht mehr sehen. Wenn er geht, geht sie mit. Von *jenem* Bewußtsein, von *jenem* Zustand bleibt kein Bewußtsein zurück. Sie werden alle vorgeben oder versuchen sich vorzustellen, daß sie damit in Verbindung kommen können. Vielleicht gelingt es ihnen irgendwie, falls sie nach der Lehre leben. Aber niemand hat es bis jetzt getan. Niemand.«[170] Diese Sätze erschütterten die Mitglieder aller Stiftungen, und die Inder und Amerikaner hätten ihre Veröffentlichung lieber verhindert. Die Engländer standen jedoch auf dem Standpunkt, den Mary Lutyens auch in ihrer Biographie zum Ausdruck brachte, es sei Krishnamurtis ausgesprochener Wille gewesen, diese Worte der Nachwelt zu überliefern.

Schon 1980 hatte er in einer Nachricht an Mary Zimbalist ähnlich radikale Sätze gesprochen. Sätze, die von einer Finalität des Bewußtseins Zeugnis ablegen, wie sie jahrelang nicht über seine Lippen gekommen waren. »Mit der Ankunft in Rishi Valley, Mitte November 1979, verstärkte sich diese Kraft, und so erwachte er (Krishnamurti spricht wieder von sich in der dritten Person, d. Verf.) eines Nachts in der eigenartigen Stille in diesem Teil der Welt, in der Stille, die vom Ruf der Eulen nicht gestört wurde, um etwas vollkommen anderes und Neues zu entdecken. Die Bewegung hatte den Ursprung aller Energie erreicht.

Man darf das auf keinen Fall mit Gott oder dem höchsten Prinzip, dem Brahman, verwechseln – ja, man darf nicht einmal daran denken –, die Projektionen des menschlichen Geistes sind, geboren aus Angst und Sehnsucht und aus dem unnachgiebigen Verlangen nach vollkommener Sicherheit. Es ist nichts von alledem. Das Verlangen kann dieses unmöglich erreichen. Worte können es nicht ergründen, noch kann sich die Kette der Gedanken darum winden. Man kann fragen, wie Du so sicher behaupten kannst, daß das der

[170] ebd., S. 251

Ursprung aller Energie ist? Man kann nur in vollkommener Demut antworten, daß es so ist.

Die ganze Zeit, die K. bis Ende Januar 1980 in Indien weilte, wachte er allnächtlich mit diesem Gefühl des Absoluten auf. Das ist kein Zustand, nichts, was statisch, fest, unbeweglich ist. Das ganze Universum ist darin eingeschlossen, das der Mensch nicht ermessen kann. Als er im Februar 1980 nach Ojai zurückkehrte und nachdem der Körper etwas ausgeruht war, kam es zu der Wahrnehmung, daß jenseits davon nichts ist. Dieses ist das Letzte, der Anfang und das Ende und das Absolute. Da gibt es nur ein Gefühl unglaublicher Weite und unendlicher Schönheit.«[171] Nicht ganz überraschend sind diese Sätze, wenn man ein halbes Jahrhundert zurückgeht und noch einmal die Aufzeichnungen der Vorträge des Ommen-Camps von 1929 studiert. Dort findet sich folgender bemerkenswerter Satz: »Ich behaupte, ohne den Schatten eines Zweifels, daß ich das Ganze bin, das Unendliche; kein Teil der Wahrheit, sondern die ganze Wahrheit.«[172] Wo liegt der Unterschied zwischen dem Krishnamurti von 1929 und jenem der Jahre 1980 oder 1986?

Im Jahr 1979 versuchten Mary Lutyens und Mary Zimbalist im Gespräch mit Krishnamurti sein »Geheimnis« zu ergründen. Jene Dialoge, die, verglichen mit den vorstehenden Sätzen jenes außerordentlichen Anspruches, früher stattfanden, sollen diesen Abschnitt beschließen, obwohl sie eher ein Dokument der Ratlosigkeit sind. Ein Dokument der Ratlosigkeit von seiten der Fragestel-

---

[171] ebd., S.208

[172] Early Writings III, S.39 Etwas abgeschwächter äußerte sich Krishnamurti im Gespräch mit P. Jayakar: »Ich habe mich nie gefragt, was das innere Wesen von Krishnamurti ist. Wenn ich sage ›nichts‹ – wäre das akzeptabel? Da ist nichts. Meinst du, du könntest die Beschaffenheit von Krishnamurtis innerem Wesen, das absolut *nichts* ist, verstehen? Das ist, als würdest du versuchen, das Unmeßbare zu messen. Ich sage nicht, mein Geist ist unermeßlich, aber es ist, als würde man das Unmeßbare messen.« (Jayakar, S.318) – Als Anmerkung, vielleicht auch als nachdenklichen Hinweis zur Relativierung, möchte ich erwähnen, daß, nur drei Jahre vor Krishnamurtis Aussage in Ommen, Aurobindo in Pondicherry (am 24.November 1926) die Herabkunft des »Übermentals« erfuhr, einer neuen, höheren Form von Bewußtsein, die seiner Überzeugung nach sich durch ihn erstmals auf Erden manifestierte. (Vgl. K.R. Srinivasa Iyengar, Sri Aurobindo, Pondicherry 1985[4])

lerinnen *und* von seiten des Antwortenden. Ich möchte sie hier bewußt als Gegensatz zu jenen Worten Krishnamurtis stellen, die seit den Tagen Buddhas oder Christi so nicht mehr gesprochen wurden, um dem Leser die innere Spannung dieses Mysteriums zu verdeutlichen. Ich wähle einige kurze Passagen dieser längeren Dialoge aus, die jedoch von großer Prägnanz sind.

»Das ganze Leben lang wurde er (Krishnamurti, d.Verf.) beschützt, bewacht. Wenn ich in ein Flugzeug einsteige, weiß ich, daß nichts passieren wird.«

»*Dieses* stellt sich nur beim Sprechen und Schreiben ein. Das erstaunt mich. Die Leere ist immer noch da. Von jenem Alter an bis jetzt – achtzig oder so – einen Geist leerzuhalten. Wodurch wird das bewirkt? Ihr könnt es jetzt im Raum fühlen. Es geschieht gerade jetzt in diesem Raum, weil wir etwas sehr Ernstes berühren – und so strömt es herein. Der Geist dieses Mannes ist seit seiner Kindheit bis zu diesem Zeitpunkt leer. Ich will kein Geheimnis daraus machen: Warum kann das nicht jedem widerfahren?«

»Wenn Du und Maria (Mary Lutyens und Mary Zimbalist, d.Verf.), wenn Ihr Euch hinsetzt und sagt: »Wir wollen das (Geheimnis Krishnamurtis, d.Verf.) untersuchen«, bin ich sicher, daß Ihr es herausfinden könntet. Oder auch wenn Ihr es jeder für sich versuchtet. Ich erkenne etwas; was ich gesagt habe, ist die Wahrheit – ich kann das niemals entdecken. Wasser kann niemals entdekken, was Wasser ist. Das ist ganz richtig. Wenn Ihr es entdeckt, werde ich es bestätigen.«

»Das ist wie eine – wie lautet die biblische Bezeichnung – wie eine Offenbarung. Sie findet immerzu statt, wenn ich spreche.«

»Ein anderer Aspekt ist der, daß ich glaube, daß es da noch einen anderen Schutz gibt, der nicht der meine ist. Es gibt eine separate Form des Schutzes, so als wäre die Zukunft mehr oder weniger festgelegt. Eine andere Art des Schutzes – nicht nur ein Schutz für den

Körper. Der Junge ist mit dieser Besonderheit geboren worden – er muß beschützt worden sein, um das alles zu überleben. Irgendwie wird der Körper beschützt, damit er überlebt. Irgendein Element wacht darüber. Irgend etwas beschützt den Körper. Es wäre spekulativ, wenn man sagen wollte, was es ist. Der Maitreya ist zu konkret, ist nicht einfach genug. Aber ich kann nicht hinter den Vorhang schauen. Ich kann das nicht. Ich habe es mit Pupul (Jayakar) und mit verschiedenen anderen indischen Gelehrten versucht, die mich bedrängten. Ich habe gesagt, es ist nicht der Maitreya, es ist nicht der Bodhisattva. Dieser Schutz ist zu konkret, zu ausgearbeitet. Aber ich habe mich immer beschützt gefühlt.«[173] Wie konnte jemand, der von sich sagte, er sei »die ganze Wahrheit« und kurz darauf sagen würde, er habe »die Quelle der Energie erreicht«, so tastend auf der Suche nach dem Verständnis seines eigenen Wesens sein? Sprachen jeweils zwei verschiedene Aspekte Krishnamurtis über zwei verschiedene Wirklichkeiten? Die Antwort liegt nicht auf einer rationalen Ebene. Intellektuelles Verständnis wird sich dem Geheimnis Krishnamurtis nicht (oder nur bedingt und bis zu einer frühen Grenze) annähern können. Gleiches wird nur durch Gleiches erkannt – und so wird nur ein erleuchtetes Bewußtsein die offenen Fragen beantworten können und im Lichte der Wahrheit das Geheimnis des Jiddu Krishnamurti entschleiern.

Doch – wer es erkannt hat, spricht nicht darüber; und wer darüber spricht, hat es nicht erkannt. »In dem Moment, in dem man ein Mysterium versteht, ist es kein Mysterium mehr. Man kann es nicht verstehen, es ist unfaßbar. Es ist, als würde man versuchen, um die Ecke zu schauen. Versteht ihr?« (Krishnamurti)[174]

[173] Mary Lutyens, 1991, S. 199 ff
[174] Jayakar, S. 409

Der Tod

Im Sommer 1985 antwortete Krishnamurti Mary Zimbalist, obwohl er sich zu jener Zeit in keiner guten Verfassung befand, auf die Frage, wieviel Zeit »es« ihm wohl noch gebe: »Ich denke, zehn weitere Jahre.«[175] Im Gegensatz dazu steht eine Aussage Pupul Jayakars: »Im Juli 1985, als er sich in Rougemont in der Schweiz aufhielt, hatte Krishnamurti zum ersten Mal die Vorzeichen seines herannahenden Todes gespürt. Als ich ihn Ende September in Brockwood Park besuchte, empfing er mich in der kleinen Küche im Westflügel des alten Hauses. Er sagte, er hätte mir etwas sehr Ernstes mitzuteilen. »Seit meinem letzten Aufenthalt in der Schweiz weiß ich, wann ich sterben werde. Ich kenne die Stunde und den Ort, aber ich werde es niemandem sagen. Die Manifestation hat begonnen, sich aufzulösen«, fuhr er fort.«[176] Sollte er wieder zu den Indern anders gesprochen haben als zu den Amerikanern und Engländern? Warum diese zwei sich widersprechenden Aussagen, die auch von Stellungnahmen in Brockwood abweichen, wo er ebenfalls von einer längeren Lebensdauer auszugehen schien. Möglicherweise liegt seitens Pupul Jayakars eine Interpretation von Aussagen Krishnamurtis vor, die von den Ereignissen geprägt, nicht von den tatsächlichen Worten bestimmt war. Es erscheint mir wahrscheinlicher, daß Krishnamurti von seinem Tod überrascht war. Dies würde auch die verwunderte Frage erklären, die er sich in einem Gespräch mit Mary Zimbalist kurz vor seinem Tod gewissermaßen selbst stellte. »Was habe ich falsch gemacht?« Anscheinend war er davon ausgegangen, seine Mission sei noch nicht abgeschlossen. Offensichtlich erinnerte er sich nicht mehr an eine Prophezeiung, die er 1967 in New Delhi gemacht hatte: »Ich werde

---

175) Mary Lutyens, 1991, S. 233
176) Jayakar, S. 463

sprechen, bis ich zweiundneunzig bin.«[177] Es sollte nur ein Jahr an der vollkommenen Erfüllung dieser Prophezeiung fehlen.

Krishnamurti starb in Ojai. Er verließ am 17.Februar 1986, kurz nach Mitternacht, seine physische Hülle. Von der Erde hatte er sich schon einige Wochen vorher verabschiedet, dort, wo alles begonnen hatte – am Strand von Adyar. »Am Abend begab er sich zu einem letzten Spaziergang an den Strand von Adyar, dort, wo er vor langer Zeit ›entdeckt‹ worden war. Am Ende des Spazierganges entbot er, sich einmal ganz drehend, den vier Himmelsrichtungen seinen Abschiedsgruß – dem Osten, dem Süden, dem Westen und dem Norden – es war jener erhabene Abschiedsgruß, den man in alten Zeiten den »Elefantenkreis« nannte.«[178]

---

[177] Ingram Smith, Truth is a Pathless Land, a. a. O., S. 120
[178] Radhika Herzberger in: Krishnamurti, The Future is Now, a. a. O., S. 20 f.

Teil 2
Die Lehre

IX. Religion

Der religiöse Geist ist der Zustand,
in dem Freiheit und eine große, andauernde Liebe herrschen.
Dann können Sie überschreiten, dann kann der Geist
eine andere Dimension betreten, und dort ist Wahrheit.

Der religiöse Mensch

Krishnamurti war der religiöseste Religionskritiker, den es je gab. Eine Weltökumene, die um des lieben Friedens willen jegliche Konfession unter ihren Mantel nimmt, ließ sich mit ihm nicht verwirklichen. Jede Dogmatik, jede religiöse Autorität (in Form von Amt oder Instanz), alle Formen von Ritualen oder Zeremonien – lehnte Krishnamurti in radikaler Schärfe ab. Für ihn bedeutete Religion – im konfessionellen Sinne – keinen Weg zur Zusammenführung der Menschen, sondern die zentrale Kraft ihrer Zersplitterung. »Sagen Sie nicht, Glaube bringe die Menschen zusammen. Keine organisierte Religion hat es je getan. Denken Sie nur einmal an Indien. Alle sind gläubig, aber sind sie deshalb vereint? Im Gegenteil, sie zerfallen in soundso viele kleine Parteien und unzählige Spaltungen; genauso ist es im Westen. Christen vernichten Christen, ermorden einander wegen kleiner, unwichtiger Dinge, treiben Menschen in Lager usw. und führen die schrecklichsten Kriege. Glaube bringt also die Menschen nicht zusammen.«[179] Religion erforderte für Krishnamurti, um wahrhaftig zu sein, einen unermeßlichen inneren Freiraum. Diesen sah er durch jegliche

---

[179] Schöpferische Freiheit, S. 63

Form konfessioneller Religiosität gefährdet. Er ging sogar soweit, Religion (im eigentlichen Sinne, als re-ligio) näher an die Wissenschaft zu rücken, weil diese ihm eher ein Garant für Freiheit zu sein schien. »Religion ist eine Form der Wissenschaft, das bedeutet Wissen zu haben und dann dieses Wissen zu transzendieren, um Wesen und gewaltige Größe des Universums nicht mittels des Teleskopes zu begreifen, sondern um die Unermeßlichkeit von Herz und Kopf zu erfassen. Diese hat nichts mit irgendeiner organisierten Religion zu tun.«[180)]

Von seinem radikalen Ansatz her schien es ihm auch nicht erforderlich, auf die jeweiligen reformerischen Ansätze einzelner Religionen einzugehen. So konnte er auf den Vorwurf, warum er Gandhis Initiative, auch die Kastenlosen, die Unberührbaren zu den Tempeln zuzulassen, nicht unterstütze, nur mit der Bemerkung zurückweisen, er halte den ganzen Streit für sinnlos, da »Gott sich ohnehin nicht innerhalb der vier Steinmauern befinde«.[181)]

Krishnamurtis radikale Religionskritik kann nicht als Endpunkt seines eigenen Weges verstanden werden. Schon in den zwanziger und dreißiger Jahren wiesen seine Aussagen in die skizzierte Richtung, vielleicht in etwas milderer Form. »Religionen sind wie Brunnen in fernen Gefilden. Ich sage nicht, daß sie kein Wasser hätten; aber ich sage, daß jeder in seinem eigenen Garten seinen eigenen Brunnen graben muß. Dann erst habt Ihr frisches Wasser im Hause, und darauf kommt es letzten Endes an.«[182)]

Er sah sich in seiner Kritik[183)], wenn er zu ihrer Unterstützung überhaupt auf die Geschichte zurückgriff, sogar in der Nachfolge des Buddha oder des Christus. Er äußerte einmal gegenüber einem Reporter der Nachrichtenagentur Reuter, weder Buddha noch Christus hätten für sich Göttlichkeit beansprucht oder eine Reli-

---

180) Selbstgespräche, S.174
181) Vgl. Early Talks I, S.147
182) C. Vitelleschi, Ethik als Tat, Jena 1930, S.18
183) Vgl. zu dieser Thematik auch Early Works VII, S.41

gion stiften wollen, dies sei nach ihrem Tod alles von ihren Anhängern in die Wege geleitet worden.[184)]

Krishnamurti bestritt niemals die Größe eines Buddha oder Christus, lehnte aber jegliche kultische Verehrung ab, weil er es für den größten Irrweg hielt, die Verehrung ihrer Personen über ihre jeweilige Lehre zu stellen.[185)] Auch sah er im Zusammenhang mit einer schwärmerischen Form der Anbetung die Gefahr des religiösen Wahnes und der Hingabe an selbsterschaffene Trugbilder.[186)]

Von allen religiösen Gestalten der Vergangenheit fühlte sich Krishnamurti nur einer wirklich nahe – dem Buddha. Auf die Frage, wer seines Erachtens von den großen religiösen Gestalten der Geschichte der letzten Wahrheit am nächsten gekommen sei, antwortete er ohne zu zögern, dies sei Buddha gewesen. Er vergaß aber nicht, umgehend hinzuzufügen, daß er natürlich kein Buddhist sei.[187)] In den späten zwanziger Jahren hatte er dieser Bewunderung einmal überschwänglich Ausdruck verliehen. »Er (Buddha) war ein Über-Genie, war der Größte unter den Menschen, und auch seine Jünger waren Genies und sind die Großen ihrer Zeit gewesen.«[188)] Krishna oder Christus stand er weniger nahe, bei letzterem hegte er im inneren Kreis sogar Bedenken bezüglich seiner historischen Authentizität.[189)] Auch in seiner Einschätzung der christlichen Mystik fehlte ihm jeder Zugang, was bei seiner Weigerung, irgendwelche spirituelle Literatur zu lesen, nicht verwundern kann. Sein einziger bedeutender Gesprächspartner der christlichen Tradition war Ivan Illich gewesen, sieht man von einem kurzen Zusammentreffen mit der amerikanischen Mystikerin Flower A. Newhouse in den dreißiger Jahren ab. Nur aus diesem Mangel an Sachkenntnis, läßt sich eine Fehleinschätzung wie die folgende

184) Vgl. Lutyens (1981), S.307
185) Vgl. Luis S.R. Vas (Hrsg.), The Mind of Krishnamurti, Bombay 1975[3)], S.51
186) Vgl. ebd. , S.91
187) Vgl. J.E. Coleman, a.a.O., S.75 f.
188) Königreich Glück, S.45
189) So auf dem Trustees-Treffen in Ojai 1977.

erklären: »Aber sehen Sie, die christlichen Mystiker – soweit ich das verstehe – waren in Jesus, in der Kirche, in dem ganzen Glauben verwurzelt. Sie sind niemals darüber hinausgegangen.«[190] Von der negativen Theologie eines Ps. Dionysios Areopagita oder der Gottheits-Mystik eines Meister Eckhart hat Krishnamurti wahrscheinlich nie gehört.

Noch radikaler, wenngleich aus Krishnamurtis Sicht nachvollziehbarer, fällt seine Ablehnung des Mönch- oder Priestertums aus. »Waren Sie je in einem Kloster? Nein? Ich war mal in einem, nur um zu beobachten. Und ich beobachtete und hörte zu. Ich saß da und tat die Dinge, die sie taten. Es ist wirklich eine grausame Angelegenheit, ein Gelübde des Schweigens abzulegen und nie mehr zu sprechen. Verstehen Sie, was das bedeutet? Niemals eine Frau anzuschauen! Verstehen Sie das alles? Niemals den Himmel, die Schönheit der Bäume zu betrachten. Niemals einem anderen mitzuteilen, was Sie empfinden. Die Menschen quälen sich im Namen Gottes, im Namen des Dienstes, um Erleuchtung zu finden, um in den Himmel zu kommen. Das ist eine furchtbar peinigende und quälende Angelegenheit. Und Ursache von all dem ist das Verlangen. Ich frage mich, ob Sie das verstehen?«[191] Selbstkasteiung, Askese, Exerzitien oder ähnliche Wege der religiösen Tradition sah Krishnamurti als Form eines ›Handelns mit Gott‹ an. Hier kommt fast ein gewisser lutherischer Ansatz zum Vorschein, wenn er Erleuchtung als ein »nicht-machbares« Geschehen darstellt. Wobei das eigentliche Ziel seiner Kritik die Erwartungshaltung ist, weniger die verschiedenen Praktiken als solche. Die Erwartung, mittels eines bestimmten Gebetes, Mantras oder asketischer Disziplin zur letzten Wirklichkeit zu finden, verbirgt diese vor dem Sucher. Daher führte für Krishnamurti der Weg des Zweifelns (den er stärker im Buddhismus angedeutet fand) eher zum ›Ziel‹ als der Weg des

---

[190] Vom Werden zum Sein, S. 31
[191] Welt des Friedens, S. 111 – Vgl. auch Leben ohne Illusionen, S. 23

Glaubens (den er im Christentum manifestiert sah). Der eigentlich religiöse Mensch bewegte sich seiner Anschauung nach jedoch jenseits aller dieser Ansätze: »Der religiöse Mensch ist etwas ganz anderes als der Mensch, der einen religiösen Glauben hat. Sie können nicht religiös und zugleich ein Hindu, ein Moslem, ein Christ, ein Buddhist sein. Ein religiöser Mensch sucht überhaupt nicht, er kann nicht mit der Wahrheit experimentieren. Wahrheit wird nicht durch Ihre Freude oder Ihr Leid bestimmt oder durch Ihr Bedingtsein als Hindu oder welcher Religion Sie sonst angehören mögen. Im geistigen Zustand des religiösen Menschen gibt es keine Furcht und daher keinen Glauben, sondern nur das, *was ist – was tatsächlich ist.*«[192]

Religion in ihrer traditionellen Form charakterisierte sich für Krishnamurti in erheblichem Maße durch »Bedingtsein«, durch Begrenzung und Festlegung. Der dogmatische Rahmen jeder Konfession gibt eine gewisse ›Wahrheit‹ vor, doch für Krishnamurti war dies nicht die WAHRHEIT. Echte Religion war für ihn immer neu, sie war ein Prozeß, eine Entdeckungsreise, die keine Landkarte und kein vorgegebenes Ziel kannte.[193] Vor allem aber war sie bestimmt von wirklicher Freiheit. »Die Freiheit liegt darin, Traditionen hinter sich zu lassen und zu experimentieren. ... Religiosität kommt, wenn der Mind (Verstand) seine eigenen Mechanismen verstanden hat. Wenn er ganz still geworden ist – diese Stille ist nicht die Ruhe des Todes, sondern eine sehr lebendige Stille, aktiv, bewußt, wachsam. Um herauszufinden, was Gott – Wahrheit – ist, muß man das Leid und den Kampf der menschlichen Existenz verstehen. Um über den Mind (Verstand) hinauszugelangen, ist es notwendig, daß das Selbst, das ›Ich‹, aufhört zu existieren. Nur dann können wir das, was wir alle suchen und verehren, empfangen.«[194]

---

[192] Einbruch in die Freiheit, S. 103
[193] Vgl. Bulletin 54, Krishn. Found. 1988, S. 7
[194] Jayakar, S. 191

Krishnamurti wurde aufgrund seiner radikalen Forderungen nicht selten vorgeworfen, er sei a-religiös, ja man bezichtigte ihn sogar des Atheismus. Diesem Vorwurf möchte ich zwei kurze Aussagen gegenüberstellen, die für mich die einzigartig sensible Spiritualität Krishnamurtis charakterisieren. Nachdem er in einer Diskussion seine beschriebenen Kritikpunkte vorgetragen hatte, fügte er hinzu: »Wenn man wirklich an Gott glaubt, wenn dies eine wahre Erfahrung ist, dann trägt man ein Lächeln auf seinem Gesicht, dann zerstört man keine anderen menschlichen Wesen.«[195] Die zweite Bemerkung fiel in einem Gespräch mit Lehrern in Varanasi, in dem sich Krishnamurti über die Zukunft seiner Schulen äußerte. »Dieser Ort muß frei sein von Furcht, die Menschen müssen aufrichtig sein. Wenn die Kinder ihre Hände auf die Erde legen, müssen sie das Jenseitige spüren.«[196] Hier berühren wir die Seele von Krishnamurti, sein innerstes Wesen, das von der Heiligkeit des unendlichen GEISTES erfüllt war und seine verborgene Gegenwart in allem Leben erspürte.

Diese Einblicke in sein tiefstes Empfinden schenkte Krishnamurti der Welt nur sehr selten. Um das, was ihm heilig war, nicht entweiht zu sehen (wie in seinen frühen Jahren), verbarg er es vor den unreifen Augen der Welt. Leider verbarg er es so vollkommen, daß man manchmal vermuten konnte, es sei gar nicht vorhanden. So zog er sich gerade hinsichtlich der Frage von Religion und Tradition entschiedene Kritik zu, die vor allem seine Gedanken des »Unbeeinflußtseins«, der Freiheit von aller Überlieferung, zum Ziel hatte. Einer seiner profundesten Kritiker, der ihn sonst durchaus respektierte, war der große buddhistische Weise Lama Anagarika Govinda. Er faßte einmal in einem Gespräch mit Renée Weber seine Kritik folgendermaßen zusammen: »Ich glaube, Krishnamurti würde sicherlich vom Studium der Gedanken anderer Leute

---

195) Schöpferische Freiheit, S. 155
196) Jayakar, S. 191

profitieren. Er würde sie dann sicherlich besser verstehen. Meiner Meinung nach ist es eine Art Selbsterhöhung, wenn man sagt: »Ich bin von niemandem beeinflußt worden; ich bin ganz und gar ich selbst.« Wir sind von vielen Menschen beeinflußt worden; wir alle müssen vielen Menschen dafür dankbar sein. Warum sollte man das nicht zulassen? Anstatt darüber zu spekulieren, nicht bedingt zu sein, sollte man sagen: »Ich möchte *universell* bedingt sein«, d.h. nicht von einer Sache oder einigen Dingen beeinflußt werden, sondern von allen Dingen. Wir alle sind bedingt. Es ist besser, sich dies zuzugestehen. Der Fehler oder das Versagen der meisten Menschen besteht darin, daß sie glauben, nur von einem oder zwei Dingen beeinflußt worden zu sein. Sie erkennen nicht die unbegrenzte Bedingtheit, die uns das Leben auferlegt. Aber wenn wir die Totalität unserer Bedingtheit erkennen würden, wären wir größer als alle diese Dinge. Niemand in dieser Welt kann un-bedingt sein. Das ist unmöglich. Er sollte es auch nicht wünschen. Denn ein solcher Gedanke widerspricht dem Leben als Ganzem – läßt es bedeutungslos und langweilig erscheinen. Wir sollten immer anstreben, vom Ganzen, das selbst unbegrenzt ist, beeinflußt zu werden.«[197] Mit dem letzten Satz berühren sich diese beiden großen religiösen Persönlichkeiten wieder, denn diesen hätte Krishnamurti gelten lassen – allerdings nur diesen. Er hatte das *Ganze* gesehen, war erfüllt von dem *Geliebten*, wie konnte er von etwas Geringerem sprechen? In den tiefen Gesprächen mit Rom Landau gibt Krishnamurti meines Erachtens selbst den Schlüssel zu seinem religiösen Wesen. In den fünfzig Jahren, die diesem Gespräch folgten, ist er nie von diesem angedeuteten Weg abgewichen. So können die nachfolgenden Sätze in gewissem Sinne als das ›Bekenntnis‹ seines religiösen Lebens verstanden werden. »Sie haben recht. Jene Menschen leben in den Ebenen, ich dagegen, wie Sie es ausdrücken, auf der Bergesspitze; aber ich hoffe, daß mehr und mehr Menschen in

[197] Renée Weber, Wissenschaftler und Weise, Grafing 1987, S. 115

der Lage sein werden, die klare Luft der Bergesspitze einzuatmen. Ein Mann, unendlich größer als irgend jemand von uns, mußte seinem eigenen Weg folgen, der ihn nach Golgatha führte, gleichgültig ob seine Jünger ihm zu folgen vermochten oder nicht, gleichgültig ob seine Botschaft sofort oder erst nach Jahrhunderten verstanden werden würde. Wie können Sie von mir erwarten, mich damit zu beschäftigen, was jetzt zu tun sei oder wie es zu tun sei? Wenn man einmal auf der Bergspitze gelebt hat, kann man nicht in die Ebenen zurückkehren. Man kann nur versuchen, anderen Menschen ein Gefühl für die Reinheit der Luft zu vermitteln und sich an der unendlichen Aussicht zu erfreuen, um dann eins zu werden mit der Schönheit des Lebens hier.«[198)]

Esoterik

Obwohl selber aus einer esoterischen Tradition kommend, der er vielleicht mehr zu verdanken hatte, als er sich bewußt war, lehnte Krishnamurti den esoterischen Weg und sein Weltbild radikal ab. Eine Ablehnung, die ihm entschiedene und häufig gut begründete Kritik einbrachte.

Wenn ich mir seine oft harschen Ausfälle gegen das weite Gebiet der Esoterik vor Augen führe, dann verwundern mich manche von ihnen. So ging er einmal auf einen dümmlichen Einwurf eines Zuhörers bezüglich der Existenz von Engeln ein, indem er antwortete: »Kümmern Sie sich nicht um Engel. Das stellt nur einen weiteren Versuch dar, dem Konflikt des Lebens zu entfliehen. Über Engel zu sprechen, ist aus meiner Sicht eine ungesunde Angewohnheit.«[199)] Kein Hinweis über die mögliche Realität eines anderen Evolutionsreiches, kein Eingehen auf die bewegenden Engelerfah-

---

198) Rom Landau, a. a. O., S. 222
199) Early Works IV, S. 7

rungen in Geschichte und Gegenwart, kein Gedanke über eine mögliche Bruderschaft von Engeln und Menschen.

Ähnlich ablehnend fielen seine Aussagen über die Existenz der Meister aus, von denen er in den Jahren nach 1929 oft sagte, es sei völlig unwichtig, ob sie existierten oder nicht.[200] Manchmal frage ich mich angesichts der Lektüre von Krishnamurtis Antworten zu diesen Themen, ob er wirklich nicht einsehen wollte, wie weltfremd diese teilweise waren. So äußerte er im Jahre 1947 in Madras, »es wäre eine wundervolle Welt, wenn es keine Lehrer und keine Schüler gäbe«.[201] Auch wenn man den pädagogischen Hintergrund dieser Aussage berücksichtigt, so bleibt doch eine gewisse Naivität hinsichtlich der Möglichkeiten menschlichen Wachstums unübersehbar. Es war und ist schlechthin eine Illusion, daß alle Menschen hier und jetzt, unabhängig von ihrer inneren Reife, zur Erleuchtung finden können. Dies warf ihm auch einer seiner wohlwollendsten und sachkundigsten Kritiker, Geoffrey Hodson, mit Entschiedenheit vor. »Er (Krishnamurti. d.Verf.) scheint sich ihrer entweder nicht bewußt zu sein oder er ignoriert absichtlich die Tatsache, daß ohne eine sorgsame Führung die Mehrheit der Menschen völlig unfähig ist, sich selbst zur Erleuchtung zu führen.«[202] Auch Sätze wie »alle Bücher der Welt, die heiligen eingeschlossen, sind mit Theorien gefüllt«[203], erweisen sich als wenig hilfreich. Welchen Sinn soll es haben, das *gesamte* mystisch-spirituelle Erbe der Menschheit zu leugnen? Freiheit des geistigen Suchens beinhaltet auch die Freiheit zur Wahl und die Freiheit zum Bewahren des Echten.

Betrachtet man allerdings den ›esoterischen Jahrmarkt‹ des ausgehenden zwanzigsten Jahrhunderts, mit seiner Gier nach Neuem, mit seiner Reizüberflutung und der Kommerzialisierung des Reli-

---

[200] Vgl. ebd. Bd.III, S.22
[201] Later Talks I, S.99
[202] G. Hodson, Krishnamurti a.a.O., S.7
[203] Early Works VII, S.60

giösen, so möchte ich einem mahnenden Satz Krishnamurtis uneingeschränkt zustimmen. »Kann aus Gier, ob nach Gott, nach Geld oder nach Alkohol, je etwas werden, das nicht Gier ist?«[204] Doch auch hier bleibt zu beachten, daß selbst Wildwuchs nur auf einem Stamm gedeihen kann, der im innersten Wesen von göttlicher Kraft erfüllt ist. Vielleicht wäre die große Mission Krishnamurtis noch segensreicher verlaufen, wenn er die Esoterik reformiert hätte, anstatt sie zu verdammen. Doch das Schwert der Unterscheidung taugt wohl nicht als Saatpflug oder Baumschere.

Gott

Krishnamurti wurde häufig, vor allem seitens der jeweiligen Orthodoxen, des Atheismus angeklagt oder zumindest verdächtigt. Er machte es seinen Gegnern in dieser Hinsicht allerdings (absichtlich?) leicht, indem er sehr provokant formulierte. Er nannte ›Gott‹ eine menschliche Erfindung, ein anthropomorphes Abbild und ein Produkt ausbeuterischer Priester. Bei oberflächlichem Lesen mochte der Eindruck entstehen, hier drücke sich in der Tat Krishnamurtis Gottesbild aus; doch er unterschied sehr genau zwischen ›Gott‹ und GOTT. Allerdings bevorzugte er, wenn er ausführlich zu diesem Thema sprach, andere Ausdrücke wie »mein Hochgeliebter«, das »Namenlose«, das »Leben« oder der »Ursprung«. »Ich habe niemals gesagt, daß es keinen Gott gibt. Ich sage, daß es Gott nur gibt, wie er sich in Ihnen offenbart ... aber ich werde das Wort Gott nicht benutzen ... Ich nenne es lieber das LEBEN.«[205] Er versäumte es auch nicht, seine Zuhörer auf die Unzulänglichkeit jeder verbalen Beschreibung hinzuweisen. »Fragen Sie mich nicht, wer das Hochgeliebte ist. Was nützt eine Erklärung? Sie

---

[204] J. Krishnamurti, Ausgewählte Texte, München 1988, S. 126
[205] M. Lutyens (1981), S. 307

werden das Hochgeliebte doch nicht begreifen, solange Sie es nicht in jedem Tier, jedem Grashalm, in jedem leidenden Menschen, jedem Einzelwesen erblicken.«[206] Einige Jahre später verdeutlichte er seine Position zur Gottesfrage in einem Vortrag an der Universität von Oslo. »Für mich ist Gott eine lebendige, ewige Wirklichkeit. Aber diese Wirklichkeit kann nicht beschrieben werden; jeder muß sie für sich selbst erfahren. Jeder, der sich versucht vorzustellen, was Gott ist, was Wahrheit ist, sucht nur einen Fluchtpunkt, eine Schutzhütte vor den alltäglichen Konflikten.«[207] Rund fünfzig Jahre später, auf dem Fundament seiner revolutionären Lehren, beantwortete er noch einmal die Frage nach der Erkennbarkeit Gottes. »Ich glaube, es ist möglich, wenn man den Mind von jeglichem Glauben – von jeglicher traditionellen Bedeutung des Wortes ›Gott‹ und den damit verbundenen Assoziationen befreien kann. Kann das Bewußtsein vollkommen frei sein, um das zu erforschen, was die Israelis das ›Namenlose‹, die Hindus ›Brahman‹, das ›Höchste Prinzip‹ nennen? Die ganze Welt glaubt an das Wort ›Gott‹. Könnten wir alle Glaubenssysteme beiseite lassen? Nur dann ist es möglich, es zu erforschen.«[208] Nur ein Jahr zuvor (1980) formulierte er in Saanen, in seinem ersten Vortrag, eine seiner radikalsten Aussagen zur Gottesproblematik. »Wenn der Mensch Gottes Geschöpf ist, muß Gott schrecklich, ein ungeheuerliches Wesen sein, das den Menschen durch so eine Hölle gehen läßt. Wenn Er uns geschaffen hat, muß Gott totale Unordnung sein, weil wir in Unordnung leben.«[209] Derartig verkürzte, schlagwortartige Sätze halfen wenig, Krishnamurtis wirkliche Auffassung zu verdeutlichen. Er wollte das Absolute freihalten von jeglicher Vermenschlichung; er wollte den Urgrund unterscheiden vom Chaos, das er als Produkt menschlicher Freiheit ansah. Deshalb möchte ich die

[206] ebd., S. 291 f.
[207] Early Works VII, S. 163
[208] Jayakar, S. 387
[209] Leben ohne Illusionen, S. 13 f.

Worte aus Saanen mit einigen meditativen Gedanken (desselben Jahres!) aus Bombay kontrastieren. »Es ist nicht so, daß am Anfang Chaos herrschte. Das ist unmöglich. Selbst wenn es Gott gibt – ich gebrauche das Wort ›Gott‹ hier im üblichen Sinn – und er das ursprüngliche Chaos und daraus Ordnung schuf, muß ursprünglich Ordnung geherrscht haben. Es konnte nicht Unordnung sein, aus der dann Ordnung geschaffen wurde. Am Anfang mußte Ordnung herrschen; der Mensch nannte sie Chaos und schuf daraus eine unglaubliche Unordnung. Nun versucht er, zu diesem Ursprung, dieser Ordnung zurückzukehren. Dieser Zustand muß außerordentlich beglückend sein, ein unermeßlicher, zeitloser, unverfälschter Zustand; andernfalls ist es nicht Ordnung.«[210] Krishnamurti wollte die Heiligkeit Gottes wirklich ernstgenommen wissen. Man muß seine Aussagen zur Gottesfrage daher stets mit großer Sorgfalt dahingehend überprüfen, ob sie ›Gott‹ oder GOTT zum Gegenstand haben. Nur wenn diese Sorgfalt aufgewendet wird, darf man sicher sein, Krishnamurti richtig zu verstehen – und dann wird man die Ehrfurcht vor dem unendlich Heiligen in seinen Worten verspüren. Es ist bewegend, dem Gespräch Krishnamurtis mit einigen Schulkindern zu folgen, denen er das Wesen Gottes zu erklären versuchte. In wundervoll poetischen Worten führt er die Kinder durch die Mysterien der Schöpfung, in denen sich das Wesen des Göttlichen zeigt, um dann zu schließen: »Und dann ist da noch etwas viel Tieferes hinter all diesen Dingen, aber um das Tiefe, das jenseits des Verstandes liegt, zu verstehen, muß der Verstand still sein, frei sein. Du kannst aber nicht ruhig sein, wenn du die Welt um dich herum nicht verstehst. Du mußt mit deiner nächsten Umgebung anfangen, mit den kleinen Dingen, bevor du versuchst zu verstehen, *was* Gott ist.«[211]

Die Heiligkeit Gottes und die Ehrfurcht vor der Schöpfung be-

---

210) Jayakar, S. 368
211) ebd., S. 190

stimmten Denken und Wesen Krishnamurtis mehr, als von vielen Menschen, die er intellektuell ansprach, wahrgenommen wurde. Im innersten Wesen war Krishnamurti ein *Bhakta*, entflammt von der Liebe zu Gott und der Schöpfung. So empfinde ich es als im höchsten Maße stimmig, wenn diesem Geheimnis (Geh-Heim-Nis) seine letzten öffentlichen Worte, anläßlich seines letzten Vortrages in Indien, galten. »Der Ursprung ist namenlos; der Ursprung ist *absolut still* ... Schöpfung ist etwas von höchster Heiligkeit, das Heiligste im Leben ...«[212)]

Individualität

Das Selbst ist keine permanente Entität,
sondern ein Strom, ein fließendes Wasser.

Es ist nicht einfach, Krishnamurtis Vorstellungen über Individualität, Selbst, Ego, Ich oder Atman klar zu fassen. Die Adyar-Theosophie der Besant-Leadbeater Ära vertrat einen Standpunkt, wie er so poetisch in »Licht auf den Pfad« Ausdruck fand: »Du wirst in das Licht eingehen, die Flamme aber wirst du nie berühren.« Bei Krishnamurti heißt es dagegen 1927: »Es liegt bei jedem einzelnen, in die Flamme einzugehen, Teil der Flamme zu werden.«[213)] Seine Sympathie für die Lehre des Buddha wird auch in Krishnamurtis Gedanken über das »Selbst« deutlich. Ähnlich wie in weiten Kreisen des Buddhismus (eine gegensätzliche Auffassung vertraten in der Gegenwart der Dalai Lama und Lama Anagarika Govinda) finden wir auch bei Krishnamurti eine Neigung zur Anatman-Lehre, die keine unvergängliche Individualität akzeptiert. Für Krishna-

212) The Future is Now, S. 152
213) Mary Lutyens (1981), S. 286

murti gab es, wie er häufig betonte, kein Selbst oder Über-Selbst im Sinne etwa der Atman-Lehre, ganz abgesehen von christlichen Seelenvorstellungen.[214] Alan Watts berichtet in seiner Autobiographie von einem interessanten Gespräch mit Krishnamurti in Ojai (1953), in dem dieser ihm ausführlich darzulegen versuchte, es gäbe keinen »er«, der zur Erleuchtung finde. Dann aber fuhr er fort zu beschreiben, was geschähe, wenn »er« diese Erfahrung gemacht habe. Diese Formulierung regte Watts zu der nachdenklichen Frage an, ob hier nicht ein Widerspruch vorliege, oder ob nur sprachliche Begrenzung Krishnamurti zu seiner Formulierung geführt habe.[215]

Die nach meiner Einschätzung tiefsinnigsten Aussagen Krishnamurtis zur Problematik Selbst-Nichtselbst finden sich in dem faszinierenden Artikel von E.A. Wodehouse »A Conversation with Krishnamurti«, der 1930 im International Star Bulletin abgedruckt wurde. Dort finden sich Sätze, die Krishnamurti in völliger Unabhängigkeit von theosophischer Bevormundung und auf der Höhe seiner geistigen Einsicht äußerte. Es heißt dort unter anderem:

»Es ist falsch, Befreiung als Vernichtung zu betrachten. Viel eher kann man in Wahrheit von einem Neuanfang sprechen. – Das »Selbst« (im Zustand der Befreiung, d.Verf.) ist nicht ein Ego. Es ist etwas weitaus Subtileres – individuelle Einzigartigkeit. – Es ist individuell und zur gleichen Zeit universell. – Für ein menschliches Wesen kann es kein vollständiges Verschmelzen mit dem Absoluten geben, etwa im Sinne eines ›Verdunstens‹ in die Totalität des Lebens. Die Unterschiedenheit, wie abstrakt und fein auch immer, die mit dieser individuellen Einzigartigkeit einhergeht, besteht ewig fort. – Wenn es (das Leben, d.Verf.) von allem Egoismus befreit ist, wird es, sozusagen, zu einem neuen Fenster, durch das sich das universelle Leben selbst verwirklichen kann.«[216] Meines

---

[214] Vgl. John White (Hrsg.), Was ist Erleuchtung, Freiburg 1988, S. 147
[215] Alan Watts, In My Own Way, New York 1972, S. 136
[216] Wodehouse, a. a. O., S. 20 ff.

Erachtens wollte Krishnamurti die Erfahrung der WIRKLICHKEIT so radikal von aller menschlichen Begrenztheit abheben, daß in seinen Formulierungen gelegentlich ein sehr verneinender Zug auftaucht, der zu der Annahme verleiten kann (und viele seiner ›Anhänger‹ verleitet hat), Krishnamurti habe eine Philosophie der Auflösung jeglicher Form individuellen Bewußtseins vertreten. Die feine, aber entscheidende Nuance in Krishnamurtis Anschauung wird deutlich in dem bemerkenswerten Gespräch mit Alain Naude und Mary Zimbalist kurz nach dem Tode von John Field. Dort erklärt Krishnamurti im Verlauf des Dialoges, er bezweifele, daß es eine separate Wesenheit John Field je gegeben habe. Dieser sei eher eine Ansammlung oder Anhäufung verschiedener Aspekte – Gedanken, Gefühle usw. – gewesen. Hier klingt die buddhistische Skandha-Lehre an. Das wahre Wesen von John Field, dann natürlich nicht mehr »John Field«, offenbare sich erst dann, wenn dieser sich aus dem »Strom«, Krishnamurtis Synonym für das Rad der Wiedergeburt, befreie. Hier klingt dann wieder eine Berührung zur »individuellen Einzigartigkeit« an, wobei ich gestehen muß, daß sich eine letzte Wahrheit über die Frage der Individualität aus Krishnamurtis Ausführungen nicht gewinnen läßt.[217)]

Unsterblichkeit

Die Ewigkeit ist vielleicht ein unaufhörliches Beginnen.

Als Krishnamurtis Bruder Nitya 1925 starb, hatte er seine Gegenwart als Gewißheit verspürt, als unbezweifelbare Nähe des geliebten Bruders, der nun in einer anderen Dimension lebte. Schon wenige Jahre später kritisierte er seine Zuhörer, indem er alle Fragen

217) Vgl. S. Field, a. a. O., S. 135 ff. – Vgl. auch R. Weber, Wissenschaftler, S. 344 f.

bezüglich eines Lebens nach dem Tod als unwichtig zurückwies. Ein Verhalten, das Emily Lutyens zutiefst verunsicherte.[218] Konkret angesprochen, was er über ein Leben nach dem Tod denke, lautete seine Erwiderung: »Niemand kennt die Antwort.«[219] Nur sehr selten noch äußerte sich Krishnamurti in konkreter Form zu dieser Frage. Die theosophische Anschauung der Fortexistenz in einem Astralkörper fand nicht seine Zustimmung, obwohl er seinem Freund Sidney Field, kurz nach dem Tod von dessen Bruder John, mitteilte, sein verstorbener Bruder »stände direkt neben ihm«.[220] Er bezeichnete jenen Teil der Persönlichkeit, der den physischen Tod überlebte, als eine Art »Echo«, das noch lange nachhallen könne, letztlich dann aber doch verlösche. Wieder stehen wir vor dem Problem der Sprache. Unsterblichkeit bedeutete für Krishnamurti nicht die ewige Fortexistenz einer begrenzten Persönlichkeit, sondern die Verwandlung in eine völlig andere Wirklichkeit. 1935 antwortete er einmal auf die Frage nach Unsterblichkeit: »Jetzt kann ich sagen, es gibt Unsterblichkeit, für mich ist das eine persönliche Erfahrung; ... Unsterblichkeit ist die unendliche Gegenwart.«[221] Krishnamurti beantwortete aus dem Alltagsbewußtsein gestellte Fragen von einer anderen (erleuchteten) Bewußtseinsebene aus. Dies verwirrt, muß aber nicht in die Irre führen. Es bedarf für das Verstehen seiner Antworten allerdings eher eines intuitiven Erahnens denn eines intellektuellen Reflektierens.

Reinkarnation

JETZT ist der Augenblick der Ewigkeit.
Wenn Sie das verstanden haben, haben Sie alle Gesetze,
Begrenzungen sowie Karma und Reinkarnation transzendiert.

---

218) Emily Lutyens, a. a. O., S. 185
219) Luis S. R. Vas, a. a. O., S. 55
220) Field, a. a. O., S. 117
221) M. Lutyens (1984), S. 38

Krishnamurtis Gedanken zur Reinkarnations-Lehre lassen sich anhand der beiden vorangegangenen Abschnitte bereits erahnen. »Wenn nichts Dauerndes existiert, reinkarniert auch nichts.«[222] Da die Persönlichkeit für Krishnamurti nur aus einer »Serie von Reaktionen«[223] bestand und nicht aus einer fortdauernden Wesenheit, konnte sich diese auch nicht durch Reinkarnation fortentwickeln. Die Problematik dieser Überzeugung wird im Kapitel »Evolution« noch eingehend zu erörtern sein.

Gebet

Krishnamurtis religiöses Leben, sein Leben überhaupt, zeichnet sich durch ein fehlendes Moment des Dialogischen aus. Dies zeigte sich in der Art seiner Vorträge, die Monologe eines erleuchteten Bewußtseins darstellten; und dies trifft auch für viele seiner Gespräche zu (wenngleich es bewegende Ausnahmen gab), in denen er seine Gesprächspartner zu sich emporzuheben trachtete. Er begegnete ihnen nie auf ihrer Ebene.

Dieser fehlende Zugang zum »Du« erklärt auch seine Einstellung zum Gebet, das er für völlig nutzlos erachtete. »Große Stärke kommt nicht durch Gebete, sie kommt nicht durch Illusion, noch durch den Glauben. Sie kommt mit der Klarheit, durch den Geist, der klar erkennen kann.«[224] Hier finden wir erneut ein gänzliches Mißverstehen eines religiösen Weges, der nicht einmal einer bestimmten Gruppierung zugeordnet werden kann, denn das Gebet gibt es in unterschiedlichen Formen in allen Weltreligionen – den Buddhismus eingeschlossen. Das Gebet drückt vielleicht besonders deutlich den Aspekt der Hingabe aus, das Wissen um Geschöpflichkeit. Krishnamurti sah dies völlig anders: »Meditation ist

---

222) Weeraperuma, K. as I knew him, a. a. O., S. 159
223) ebd., S. 108
224) Krishnamurti, Fragen und Antworten, a. a. O., S. 150

nicht Beten. Das Gebet ist ein Flehen und Bitten, und das ist höchst unreif. Sie beten nur, wenn Sie in einer schwierigen Lage sind; ein glücklicher Mensch betet nicht. Nur der leidbeladene Mensch betet, der Mensch, der um etwas bittet oder der etwas zu verlieren fürchtet.«[225] Eine solche Aussage geht völlig am religiösen Leben unzähliger Menschen vorbei. Es ist mir gänzlich unbegreiflich, wie ein so feinfühliger Mensch wie Krishnamurti nicht erspüren konnte, aus welcher tiefen inneren Berührung durch eine göttliche Wirklichkeit ein spontanes Dankgebet aufsteigen kann. Gerade der von wirklichem Glück erfüllte Mensch findet im Gebet den einzigen Ausdruck, um jener WIRKLICHKEIT zu danken, in der er die Quelle seines Glückes erkennt.

---

[225] Krishnamurti, Das Tor zu Neuem Leben, Zeppelinheim 1981, S. 92

X. Gesellschaft

Krishnamurti beobachtete auf seinen zahllosen Reisen mit großer Wachsamkeit die Welt, die ihn umgab. Er sprach mit Menschen aus unterschiedlichsten Schichten, vom Dalai Lama bis zum Atomwaffentechniker in Los Alamos. Überall traf er auf Zerrissenheit, offene und versteckte Gewalttätigkeit, Angst und Unsicherheit. Dieser anscheinend in Hoffnungslosigkeit versinkenden Welt setzte er seine Botschaft von der Heiligkeit und Ganzheit des Lebens entgegen, zu verwirklichen durch Ehrfurcht vor und Liebe zu allem Existierenden. Alles Leben ist eins – wir sind dieses Leben – dieses Leben ist heilig. Auf diese Postulate treffen wir stets, wenn wir Aussagen Krishnamurtis zu bestimmten gesellschaftlichen Problemen analysieren.

Erziehung

Krishnamurti schätzte die Kunst des Erziehens überaus hoch ein. Der Lehrer hält gewissermaßen die Zukunft des Menschengeschlechtes in seinen Händen. Ihm obliegt es, die »individuelle Einzigartigkeit« jedes Kindes zur Entfaltung zu bringen, von der Krishnamurti schon früh gesprochen hatte. Um dieser Aufgabe gerecht werden zu können, muß sich der Lehrer seines eigenen Wertes bewußt sein, um aus einer inneren Sicherheit heraus seiner Arbeit nachzugehen. »Nur wenn der Lehrer selbst die Würde und Achtung fühlt, die in seiner Arbeit liegt, wird er sich dessen bewußt sein, daß Lehren die höchste Berufung ist, höher als die des Politikers oder der Prinzen in der Welt.«[226] Krishnamurti mißt der Selbst-

---

[226] Krishnamurti, Erziehung zur Kunst des Lebens, Heidelberg 1988, S. 65

achtung des Lehrers vor allem deshalb ihre besondere Bedeutung zu, weil sie Gewähr dafür bietet, daß der Lehrer sich seine innere Unabhängigkeit erhält.

Erziehung sollte stets kreativ sein, immer neu, jeweils auf die einzelne Kinderpersönlichkeit eingehend. Jede Nachahmung einer bestimmten Methode oder Angleichung an eine ideologisch geprägte Pädagogik mißbilligte Krishnamurti. »Wenn man einer Methode folgt, – selbst wenn ein gedankenvoller und intelligenter Mensch sie ausgearbeitet hat, – erlangt stets die Methode höchste Bedeutung, und dann sind die Kinder nur insofern wichtig, als sie sich ihr einfügen.«[227] Dieser mahnende Hinweis richtete sich auch an die Eltern, die im pädagogischen Vor- oder Umfeld entscheidende Fehler begehen können, wenn sie bestimmte Ansprüche an die Kinder stellen. Ähnlich wie das Festhalten an bestimmten Erziehungsmethoden, so stellt auch das Errichten bestimmter Vorgaben unüberwindliche Hindernisse für wahrhafte Erziehung auf. Das Vergleichen von Kindern innerhalb einer Familie, mit dem Ziel der Gleichmacherei, d.h. meistens der Vorbildstellung des am besten benoteten Kindes, hielt Krishnamurti für eine katastrophale Fehleinschätzung. »Dieser Vergleich ist eine Form von Gewalt. Imitation ist Gewalt.«[228] Da die Familie nur das Abbild der Gesellschaft im Kleinen darstellt, kann diese nicht verbessert werden, solange jener elementare Fehler nicht erkannt und behoben ist. Das Erziehungssystem muß sich grundlegend wandeln, ja geradezu revolutioniert werden. Schon in der zweiten Hälfte der fünfziger Jahre drückte Krishnamurti dies in fast programmatischer Weise aus: »Die heutige Erziehung trägt nur dazu bei, das Gedächtnis auszubilden. Wir verwandeln menschliche Wesen in Gedächtnismaschinen. Wir bringen mittelmäßige Wesen hervor, die fähig sind, Fakten und Meinungen zu speichern und diese, sowie es nötig ist,

[227] K., Vertrauen zum Leben, S. 24
[228] K., Welt des Friedens, S. 115

hervorzuholen. Wir schaffen Menschen, deren Geist durch Traditionen, Glaubenssätze, Religionen etc. konditioniert ist. Mir scheint, wahre Erziehung beginnt dort, wo man über alle diese konditionierenden Faktoren hinausgeht und die Tätigkeit des Denkens begreift.

Die Gesellschaft wird Sie in dem Bemühen, über ihre Konditionierung hinauszugelangen, nicht unterstützen. Die Gesellschaft möchte mittelmäßige Wesen aufziehen, um ihre Traditionen aufrechtzuerhalten. Sie werden sich gegen eine solche Gesellschaft auflehnen müssen.«[229)]

Lange vor dem Aufkommen des sogenannten »holistischen Denkens«, forderte Krishnamurti in seiner Pädagogik schon den ganzheitlichen Ansatz. Nur wenn jedes Kind in der Würde seiner einzigartigen Ganzheit erzogen wird, kann es sein wahres inneres Wesen entfalten, kann seine innere Ganzheit mit der äußeren in ein harmonisches Wechselspiel treten. In einem Brief vom 15. März 1979 drückt Krishnamurti diese Vorstellung in seiner unnachahmlichen Prägnanz aus. »Die Fähigkeit, ein fallendes Blatt oder den großen Baum auf dem Hügel wahrzunehmen, ist weitaus wichtiger, als alle möglichen Prüfungen zu bestehen und eine große Karriere zu machen.«[230)] Mit der inneren Ganzwerdung des Kindes, mit seiner ganzheitlichen Entfaltung, würde eine Ganzwerdung und Heilung des Verhältnisses Mensch-Natur einhergehen, die nicht durch äußere Maßnahmen zu erreichen ist. Eine gesellschaftliche Veränderung kann, gemäß der Vorstellung Krishnamurtis, nur von innen nach außen erfolgen – und im Erziehungswesen sah er den Schlüssel dafür.

---

229) V. Thakar, Meine Begegnung mit K., a. a. O., S. 14 f.
230) Mary Lutyens (1988), S. 45

Politik

»Die Welt ist Sie, und Sie sind die Welt.«[231] Dieser Satz, so oft zitiert und so wenig verstanden, enthält Krishnamurtis politisches Programm. Wer in der Tiefe seines Bewußtseins erkannt hatte, daß er nicht getrennt von der Welt existierte, mußte innerlich mit allen Konsequenzen Abschied von Separatismus oder Nationalismus nehmen. Jeglicher »ismus« bereitete in Krishnamurtis Augen den Boden für die Trennung der Menschen, gleichgültig ob er sich weltlich oder über-weltlich zu legitimieren trachtete. »Wenn Sie erkennen – wie es der Sprecher vor vielen Jahren als Junge erkannte – daß Nationalismus ein Gift ist und deshalb sofort aufhörte, ein Hindu zu sein, dann wäre für Sie Schluß mit dem ganzen Aberglauben und dem Quatsch, der im Namen der Nationalität betrieben wird.«[232] Wenig später drückte er diese Gefahr noch drastischer aus: »Diese Identifizierung mit verschiedenen Ländern, verschiedenen Kulturen ist ein Absonderungsprozeß – und verursacht Spaltungen und führt somit zum Krieg.«[233] Aus dieser Einschätzung heraus stellten bsw. Faschismus oder Diktatur keine ›Himmelsstrafen‹ oder ›unverdienten Katastrophen‹ dar, sondern sie waren die Konsequenz einer kumulierten innerlichen Gewalttätigkeit vieler einzelner. Diesen Zusammenhang muß man sehen, wenn man auf Aussagen Krishnamurtis wie »Politik ist tödlich« oder ähnliche stößt.[234] Die Politik, als gesellschaftliche Instanz, war in Krishnamurtis Augen bis ins Mark korrupt und daher für den religiösen Menschen als Betätigungsfeld völlig ungeeignet: »Ein wirklich religiöser Mensch befaßt sich nicht mit Politik; für ihn gibt es nur Handeln, umfassendes, religiöses Handeln, und nicht bruchstückhafte Tätigkeiten, die man politisch oder sozial nennt.«[235]

---

[231] K., Aus dem Schatten in den Frieden, Frankfurt 1987, S.19
[232] K., Welt des Friedens, S.17
[233] ebd., S.21
[234] Jayakar, S.147 Vgl. auch Einbruch i.d. Freiheit, S.47
[235] K., Verstand und Liebe, Bern (o.J.), S.221

Man muß das Augenmerk noch einmal auf Krishnamurtis erzieherisches Ideal richten, um die Kritik am politischen System korrekt zu interpretieren. Die Veränderung mußte vom einzelnen, von der Innerlichkeit des Individuums, nicht von gesellschaftlichen Institutionen ausgehen. »Erzieherische oder politische Systeme lassen sich nicht auf geheimnisvolle Weise umgestalten; sie ändern sich, wenn ein grundlegender Wandel in uns stattfindet. Der einzelne ist von höchster Wichtigkeit und nicht das System; solange aber der einzelne den gesamten Vorgang in seinem Innern nicht versteht, kann kein System, weder der Linken noch der Rechten, Ordnung und Frieden in die Welt bringen.«[236] Innere Unordnung führt zu äußerer Unordnung, und äußere Unordnung führt zum Krieg.

Krieg

»Das Individuum, das sich mit einem Volk, einer Rasse, mit einer Religion identifiziert, bringt Konflikt unter die Menschen. Das ist ein Naturgesetz. Wir befassen uns immer nur mit den Folgen, nicht mit den Ursachen des Krieges, mit den Ursachen dieser Trennung.«[237] Und die Ursachen hierfür lagen im Menschen selbst. »Ihr müßtet Euch um den Krieg in Euch kümmern, nicht um den äußeren«, ermahnte er im Kriegsjahr 1941 in Ojai seine Zuhörer.[238] Es war eine Sprache, die im patriotischen Kalifornien, in einer anbrechenden Kriegshysterie, nur schwer verstanden wurde. Gleiches galt für seine Aussage, für ihn gebe es keinen Unterschied zwischen der Aggression Deutschlands und dem jahrzehntelangen Imperialismus Englands. Die am Krieg beteiligten Staaten traf in seinen Augen alle die gleiche Schuld, da sie intern jeweils nicht friedfertig waren. Hier bleibt mir, gerade als deutscher Autor, doch

---

236) K., Vertrauen zum Leben, S. 14
237) K., Selbstgespräche, S. 36
238) R. Field, a. a. O., S. 92

der Zweifel, ob Krishnamurti in seiner kalifornischen Isolation wirklich das ganze Grauen und die unfaßbare Unmenschlichkeit des Nazi-Regimes überblickte oder zumindest erahnte.[239] Die direkte Antwort auf die konkrete Frage nach dem Vorgehen bei einer staatlichen Aggression, wie im Falle Hitler-Deutschlands, gab Krishnamurti nicht. Er antwortete aber indirekt, fast im Wortlaut der Bergpredigt: »Ich glaube nicht, daß irgend etwas Böses durch Brutalität, Qual oder Versklavung überwunden werden kann. Das Böse kann durch etwas überwunden werden, das nicht die Folge des Bösen ist. Der Krieg ist die Folge einer Reihe von täglichen Brutalitäten, Ausbeutung, Engstirnigkeit und so weiter. Wenn wir nicht unseren Alltag verändern, können wir keinen Frieden finden, und der Krieg ist ein spektakulärer Ausdruck unserer täglichen Führung. Ich meine nicht, daß ich dem ganzen Schrecken entflohen bin, aber es gibt darauf keine Antwort, keine endgültige gewaltsame Antwort, wer auch immer Gewalt ausübt. Ich habe die Antwort darauf nicht in der Welt, sondern außerhalb der Welt gefunden. Im Ungebundensein, dem wahren Ungebundensein, das aus dem Sein oder aus dem Versuch zu sein kommt (ausgelassenes Wort) zu lieben und zu verstehen..«[240] Ich mag es mir an dieser Stelle nicht anmaßen zu urteilen, ob Krishnamurtis Anschauung weltfremd ist oder nicht. Er kann auf große Zeugen der Vergangenheit verweisen, und in letzter Konsequenz muß die Antwort im Herzen jedes einzelnen gegeben werden. Für die Suche sei hier jedoch noch eine meditative Anregung eingefügt, die zugleich in die Tiefe des Wesens von Krishnamurti führt und eine der nachdenkenswertesten Stellungnahmen zu diesem Gebiet überhaupt enthält. »Wir bringen einander gerne um. Niemals hat das Morden anderer Menschen in der Menschheitsgeschichte dieser Erde aufgehört. Wenn wir eine tiefe, bleibende Beziehung zur Natur, zu den

---

[239] Vgl. Mary Lutyens (1984), S. 50 f.
[240] Mary Lutyens (1991), S. 121

Bäumen, Büschen und Blumen, zu dem Gras und den schnell dahinziehenden Wolken finden könnten, und das müssen wir, dann würden wir nie mehr einen anderen Menschen töten, gleichgültig aus welchen Gründen. Krieg ist organisierter Mord. Obgleich wir gegen einen bestimmten Krieg, den Nuklearkrieg oder irgendeinen anderen Krieg demonstrieren, veranstalten wir doch nie eine Demonstration gegen den Krieg an sich. Niemals sagen wir, daß es die größte Sünde auf Erden ist, einen anderen Menschen zu töten.«[241)]

Wissenschaft und Technik

Krishnamurti zählt zu den radikalen Kritikern einer wissenschaftsgläubigen Gesellschaft, die in ihrem Geblendetsein vom Glanz neuer Entdeckungen den hinter ihr aufwachsenden Moloch der Unmenschlichkeit übersieht. Die moderne Technik, mit all ihren noch immer kaum übersehbaren Folgen, entwickelt eine Eigendynamik, die Krishnamurti als äußerst bedrohlich empfand. »Die Welt verändert sich vollkommen. Wir erobern den Weltraum, erfinden immer neue Maschinen, die uns abhängig machen und immer mehr tyrannisieren. – Es sind Prozesse im Gange, deren wir uns nicht bewußt sind ... Ihr könnt die Strömung, die Bedeutung, die dynamische Qualität dieses Wandels noch nicht erfassen. Wir denken, wir haben Zeit ... Wir haben keine Zeit .... das Haus brennt.«[242)]

Krishnamurti war kein Apostel einer Steinzeit-Lebensführung, er sah durchaus die positiven Aspekte des technologischen Fortschrittes. Es wäre albern, im »Zeitalter des Düsenjets auf den Ochsenkarren zurückgreifen zu wollen«, äußerte er einmal in einem In-

---

241) K., Selbstgespräche, S. 9
242) Jayakar, S. 228

terview mit Susunaga Weeraperuma.[243] Nicht im ängstlichen Rückschritt konnte die Lösung gefunden werden, sondern im bewußten Erkennen von Möglichkeiten *und* Grenzen der modernen Industriegesellschaft im allgemeinen und des wissenschaftlichen Denkansatzes im speziellen. Das wissenschaftliche Denken muß seine Parameter verändern, sich einer zu entdeckenden Transzendenz öffnen und den – viel beschworenen – Paradigmenwechsel vornehmen. Wissenschaft muß eine »heilige Hochzeit« mit dem religiösen Bewußtsein eingehen. »Wenn der wissenschaftliche Verstand die Grenzen des Bekannten durchbricht, dann kann er sich vielleicht dem religiösen Bewußtsein nähern. Das naturwissenschaftliche Denken ist logisch, präzise, analysierend und untersucht die äußere Welt, aber es führt nicht zu einem inneren Verständnis der Dinge. Ein inneres Verständnis jedoch bringt ein Verstehen der äußeren Dinge mit sich. Wir sind das Produkt der äußeren Einflüsse. Der wissenschaftliche Verstand analysiert präzise und klar, aber er kennt kein Mitgefühl, denn er hat sich selbst nicht verstanden.«[244] Noch kürzer gefaßt drückte Krishnamurti seine Auffassung in einem Dialog mit Kindern der Rishi Valley-Schule aus: »Ein neues Bewußtsein ist nur dann möglich, wenn der religiöse Geist und das naturwissenschaftliche Denken Teil der gleichen Strömung des Bewußtseins werden.«[245]

Ein technologisches (und von Technokraten dominiertes) Weltbild, das den Menschen zur Maschine und die geistig-seelischen Probleme zu Reparaturfragen reduziert, geht am eigentlichen Wesen des Menschlichen vorbei. Das innere Leben, für Krishnamurti das eigentliche, wahre Leben, wird von dieser Weltschau nicht nur nicht gesehen, sondern, schlimmer noch, bereits in seinem Aufblühen gehindert. Technik und Wissenschaft erheben sich zu einem

---

[243] S. Weeraperuma, K. as I know him, a. a. O., S. 133. Kritischer äußerte er sich im Gespräch mit R. Weber; vgl. Wissenschaftler und Weise, S. 345

[244] Jayakar, S. 230

[245] ebd., S. 238 f.

Rang, der nur dem Religiösen, im reinen, nicht im konfessionellen Sinne, in Wahrheit zusteht. »Sicherlich kommt Technik an zweiter Stelle; wird indessen die Technik zum einzigen, wonach wir streben, so verleugnen wir augenscheinlich etwas, das bei weitem den größeren Teil unseres Lebens ausmacht. Leben ist Schmerz und Freude, Schönheit, Widerwärtigkeit und Liebe, und wenn wir es als eine Gesamtheit auf allen seinen Ebenen verstehen können, wird dies Verständnis seine eigene Technik schaffen. Doch das Gegenteil ist nicht zutreffend: Technik kann niemals schöpferisches Verständnis herbeiführen. – Wie notwendig technisches Wissen auch ist, so kann es doch auf keine Weise unsere inneren psychologischen Bedrückungen und Konflikte lösen; und gerade weil wir technisches Wissen ohne Verständnis für unseren gesamten Lebensvorgang erworben haben, ist Technik zum Mittel der Selbstzerstörung geworden. Der Mensch, der ein Atom spalten kann, aber keine Liebe im Herzen trägt, wird zum Ungeheuer.«[246)] Diese Worte, weniger als ein Jahrzehnt nach Hiroshima geschrieben, hallen als Mahnung auch heute noch durch die Welt, mag auch die nukleare Gefahr an Bedrohlichkeit eingebüßt haben. Die Spaltung des Atoms kann hier nur als Metapher für eine innere Spaltung, eine innere Zerrissenheit des Menschen angesehen werden. Nur wenn diese Spaltung überwunden werden kann, wenn Weisheit und Wissenschaft wieder im einzelnen Menschen zur Einheit finden[247)], wird eine humanere und liebevollere Gesellschaft ins Dasein treten.

[246)] K., Vertrauen zum Leben, S. 16 f.
[247)] Vgl. dazu Petra Michel (Hrsg.), Wissenschaftler und Weise – Die Konferenz.

Schutz der Tiere

Nur sehr selten finden wir bei Krishnamurti Aussagen, die in Form eines unmißverständlichen Gebotes erfolgten. Es entsprach seiner ›Philosophie‹ und seiner ›Pädagogik‹, dem Menschen eher durch mehrfaches Verneinen den Weg zur Erkenntnis zu weisen. Indem er aufzeigte, was *etwas* nicht war, ließ er seinem Gegenüber die Freiheit herauszufinden, was *es* denn nun wirklich war.

In der Diskussion um die Rechte der Tiere in der Gesellschaft wich Krishnamurti von dieser Vorgehensweise ab. Er bezog unmißverständlich Stellung. Eine Bezugnahme auf die alttestamentarische Ethik des »Macht-Euch-die-Erde-untertan« stellte für ihn die Perversion des Schöpfungsgedankens dar. Schlachten, Jagen und Vivisezieren betrachtete er geradezu als Entartung des menschlichen Wesens und als ein grausames Fanal der in die Irre gegangenen Menschheit. Er konnte in diesen Fragen, auch in der persönlichen Begegnung, von teilweise brüskierender Deutlichkeit sein. »Mein Herr, ich erkenne an Ihrem Atem, daß Sie Fleisch essen. Essen Sie es nicht. Es ist Gift.«[248] Leider überliefert Weeraperuma nicht die Reaktion von Krishnamurtis Gesprächspartner, sie hätte möglicherweise einen Rückschluß auf diese vehemente Aussage erlaubt.

In einem seiner »Briefe an die Schulen« schreibt Krishnamurti am 1.2.1980 über Grausamkeit. »In westlichen Ländern sieht man, wie Vögel sorgsam gepflegt werden und später im Jahr als Sport geschossen und dann gegessen werden. Die Grausamkeit des Jagens, des Tötens kleiner Tiere, ist Teil unserer Zivilisation geworden wie Krieg, wie Folter und wie Terrorismus und Entführungen. In unserer intimen, persönlichen Beziehung besteht auch sehr viel Grausamkeit, Wut und gegenseitige Verletzung. Die Welt, in der wir leben, ist ein gefährlicher Ort geworden, und an unseren Schulen

[248] S. Weeraperuma, K. as I know him, a. a. O., S. 69. Vgl. auch K., Gespräche über das Sein, S. 85

muß jede Form des Zwanges, der Bedrohung, der Wut völlig und vollständig vermieden werden, denn all das verhärtet das Herz und den Verstand, und Zuneigung kann mit Grausamkeit nicht gleichzeitig bestehen.«[249] Wieder wird deutlich, daß Krishnamurti alles Leben als eines ansah und das Verhalten einer bestimmten Spezies gegenüber nur im Detail das spiegelte, was im Ganzen vorhanden war. Grausamkeit kann nicht gewissermaßen parzellisiert werden, sie ist entweder im ganzen Wesen vorhanden, unteilbar, oder sie ist vollständig überwunden. Allein auf ihre *vollständige* Überwindung muß menschliches Bemühen ausgerichtet sein.

Wie tief Krishnamurti dieser Riß in der Einstellung des Menschen zur Natur und zum Tierreich beschäftigte, wird daraus ersichtlich, daß er bereits in seiner ersten Eintragung in seinem letzten Tagebuch dieses Thema aufgreift. Jene in einem fast meditativen Bewußtsein geschriebenen bewegenden Sätze klagen nicht attackierend an, sondern sie berühren den innersten Wesenskern jedes Menschen. Diese wenigen Sätze, in ihrem Charakter an die Bergpredigt erinnernd, stellen nicht nur einen Anruf an den einzelnen dar, sie erhalten de facto ein ganzes gesellschaftspolitisches Manifest. Worte, die in der Stille aufgenommen und verstanden werden wollen. »Es ist merkwürdig, daß wir kaum eine Beziehung zur Natur haben, zu den Insekten, zu dem hüpfenden Frosch und dem Uhu, der in den Hügeln nach seinem Weibchen ruft. Wir scheinen überhaupt kein Gefühl für das Lebendige auf dieser Erde zu haben. Wenn es uns gelänge, eine tiefe, eine bleibende Beziehung zur Natur herzustellen, würden wir nie ein Tier töten, um unsere Eßlust zu befriedigen. Wir würden nie einem Affen, einem Hund, einem Meerschweinchen etwas zuleide tun, sie nie vivisezieren, damit es uns gut geht. Wir würden andere Wege finden, um unsere Wunden zu heilen, unsere Körper gesunden zu lassen. Aber es ist etwas ganz anderes, den Geist zu heilen. Diese Heilung stellt sich

[249] K., Erziehung zur Kunst des Lebens, S. 157

ganz sachte ein, wenn man mit der Natur lebt, – mit der Orange am Baum und mit dem Grashalm, der sich durch den Zement zwängt, mit den wolkenverhangenen Hügeln.«[250)]

---

250) K., Selbstgespräche, S 8 f., vgl. dazu auch Early Writings III, S. 103

XI. Erkenntnis

Krishnamurti war kein Erkenntnistheoretiker. Krishnamurti war Mystiker. Doch der Mystiker wollte, vor allem in seinem letzten Lebensjahrzehnt, versuchen, den Weg zur wahren Einsicht in Worte zu kleiden, die er als allgemein verständlich ansah. Wie schon auf anderen Gebieten, ging er allerdings auch hier von dem Trugschluß aus, dies müsse für »jedermann« möglich sein. Krishnamurti betrachtete »Intelligenz nicht als ein besonderes Geschenk«, sondern als »Möglichkeit zu verstehen, die in jedem Individuum lag«.[251] Erneut berücksichtigte er nicht den evolutiven Faktor, vernachlässigte er den Gedanken eines sich nur allmählich entwickelnden Einsichtsvermögens völlig. Ein Grund hierfür liegt in seinem Verständnis von Zeit. Erkenntnis, wahre Erkenntnis, muß unabhängig von gespeichertem Wissen sein. »Solange die Vergangenheit beobachtet, wahrnimmt, solange ist keine Wahrheit. – Zunächst kommt die Erfahrung; aus der Erfahrung entsteht Wissen und dieses Wissen ist begrenzt, ob es nun in Vergangenheit, Gegenwart oder Zukunft liegt.«[252] In der Zeitfreiheit allein ereignet sich der Einbruch einer anderen Dimension, die Berührung der WIRKLICHKEIT. Krishnamurti kommt hier der deutschen Mystik sehr nahe, wie sie sich etwa im Gedanken des »ewigen nu« bei Meister Eckhart ausdrückt. Auch für Krishnamurti liegt der Schlüssel im »Jetzt«. »Zu sehen, was ist, ohne das Gestern, ist das Jetzt. Das Jetzt ist das Schweigen des Gestern.«[253]

Die Vermittlung dieses Gedankens fiel Krishnamurti nicht immer leicht. Exemplarisch drückte sich dies in einem Gespräch mit

---

251) Weeraperuma, K. as I knew him, S. 32
252) John White, Was ist Erleuchtung, a. a. O. S. 146 u. 143
253) K., Ausgew. Texte, S. 42

David Bohm über die Auflösung des »Sternenordens« aus, in dem Krishnamurti versuchte zu verdeutlichen, daß jene Entscheidung aus einer »Einsicht« und nicht aus einem Denkvorgang entstanden sei.[254] Gedankliche Prozesse konnten, nach Überzeugung Krishnamurtis, immer nur die Außenseite der Realität beschreiben, nie ihr wirkliches Wesen. »*Einsicht* hat nichts mit Gedanken zu tun. Wenn Einsicht ein Produkt der Gedanken ist, dann ist das nur eine partielle Einsicht. – Wir können nie allwissend werden. Gedanken können es nie erfassen. Wir könnten Astrophysiker sein und das Universum erforschen, das Verständnis wird sich immer im Bereich der Gedanken befinden. Auf diese Weise kann das Universum oft gedanklich erfaßt werden. Wir können es logisch verstehen; wir können verstehen, woraus das Universum gemacht ist – aus Gasen und so weiter. Aber das ist nicht das *Universum*.«[255]

Die hermeneutische Frage beantwortete Krishnamurti dahingehend, daß Wahrheit und Methode einander ausschlossen. Wahrheit war nur in der Einsicht des Individuums zu finden, und die konnte sich nicht auf ausgetretenen Pfaden oder im Befolgen bestimmter Methoden gewinnen lassen. Aus diesem Grund lehnte Krishnamurti auch die Psychoanalyse ab. Der Mensch mußte lernen, sich selbst zu verstehen, aber »nicht nach den Methoden von Freud, Jung und den Psychologen und Analytikern, das ist zu kindisch; denn wenn Sie sich nach ihnen richten, lernen Sie, was jene sind, aber Sie verstehen sich nicht selbst.«[256] Auch im erkenntnistheoretischen Feld wird die Antwort wieder in die individuelle Verantwortung gelegt, wie schon bei allen gesellschaftspolitischen Fragen. Weder die Befolgung bestimmter politischer Vorgaben noch die Anwendung bestimmter Erkenntnismethoden boten einen Ausweg. Es kam Krishnamurti darauf an, eine Offenheit für den Zugang zur inneren Wirklichkeit zu entwickeln – die für ihn gleichbedeutend mit Intelligenz und Liebe

---

[254] Vgl. K. im Gespräch mit D. Bohm, Vom Werden zum Sein, München 1987, S. 76
[255] White, S. 143
[256] K., Der Weg aus dem Chaos, Berlin 1987^4, S. 88

war. In ihr lag der »Schlüssel der Erkenntnis« verborgen. »Wenn die Ursache entdeckt wird, ist die höchste Intelligenz da, die ihrer wahrhaftigen Natur nach mitleidige Liebe ist.«[257]

Geist

»Das einzige, was der Computer
– im Gegensatz zum Menschen –
nicht kann, ist, in den Abendhimmel schauen.«

Der Geist-Begriff ist in Krishnamurtis Vorträgen und Schriften nicht immer präzis zu bestimmen. Häufig bezieht er sich auf das englische »mind«, ein Ausdruck, den Krishnamurti jedoch auch für Bewußtsein oder Verstand (Vernunft) verwendete. Wenn er von Geist im tieferen Sinne sprach, bezeichnete er damit eine kosmische Wirklichkeit, etwa im Sinne von All-Geist, die er als universal ansah.[258] Dieser Geist lag außerhalb des Gehirns, war mit diesem auch nicht verknüpft, wenngleich er es benutzen konnte.[259]

Krishnamurti unterschied den Geist auch vom abendländischen Seele-Begriff, den er eher als deckungsgleich mit dem Gehirn ansetzte.[260] In einem Gespräch mit Asit Chandmal versuchte Krishnamurti, seine Vorstellungen von Geist, Intelligenz und Gehirn präzise zu definieren. »Wenn der Verstand still ist, arbeitet der Geist. Das ist die Intelligenz des Universums. – Die Einsicht in den Mechanismus der Begrenzung befreit das Gehirn von Begrenzung. Wirkliche Einsicht ist nur dann möglich, wenn keine Erinnerung und daher keine Zeit mehr existiert. Wenn das gesamte Ge-

---

257) K., Leben ohne Illusion, S. 18
258) Vgl. K., The Future of Humanity, Den Haag 1986, S. 66
259) Vgl. White, S. 141
260) Vgl. K., The Way of Intelligence, Madras 1989², S. 187

hirn arbeitet, funktioniert es nicht in eine bestimmte Richtung. Es ist frei von der Vergangenheit. Einsicht bedeutet, daß der Geist auf das Gehirn wirkt.«[261] Bemerkenswerterweise geht Krishnamurti sogar soweit, von Intelligenz über Intuition eine Brücke zur Inspiration zu schlagen. »Intuition ist der höchste Punkt der Intelligenz, und diese Intelligenz lebendig zu erhalten, bedeutet für mich Inspiration.«[262] Hier berührt sein Konzept der Einsicht die traditionelle abendländische Metaphysik, wenn Erkenntnis mit Inspiration verknüpft wird. Zieht man eine Linie zwischen den einzelnen Stadien, die Krishnamurti skizziert, so führt Wachheit zu Intelligenz, Intelligenz über Intuition zur Inspiration – und das Fahrzeug, das den suchenden Geist auf dieser Bahn trägt – heißt Liebe.

Wahrheit

»In dem Moment, in dem man beginnt, jemandem zu folgen, hört man auf, der Wahrheit zu folgen.«

Die große Menschheitsfrage, was Wahrheit sei, beantwortete Krishnamurti aus der ihm eigenen dynamischen Weltsicht heraus: »Zur Wahrheit führt kein Pfad, und darin liegt ihre Schönheit; die *Wahrheit* ist etwas Lebendiges.«[263] An anderer Stelle wird er noch deutlicher, indem er den Aspekt des Mitgefühls, man könnte auch von der Liebe zur Schöpfung sprechen, mit heranzieht. »Es gibt keinen direkten Pfad, der zur Wahrheit führt. Es gibt überhaupt keinen Pfad. Wenn ein Mensch über Mitgefühl und die mit ihm verbundene Intelligenz verfügt, so wird er darauf kommen, was die ewige Wahrheit ist.«[264]

---

261) Jayakar, S.436f.
262) Luis S.R. Vas, The Mind of J.K., Bombay 1975², S.82
263) K., Einbruch in die Freiheit, S.15
264) K., Aus dem Schatten in den Frieden, S.27

Wahrheit bedeutete ein Schlüsselwort für Krishnamurti, das eng mit Schönheit, Freiheit und Liebe verknüpft war. Wahrheit mußte immer neu sein, frei von den Lasten der Vergangenheit, frei von den Lasten der Erinnerung. Wahrheit bedeutete zugleich Wachheit, die klare, vorurteilslose Beobachtung des äußeren und des inneren Lebens.

Es gibt eine kleine Geschichte, von Krishnamurti selbst erzählt, wie so oft legendenhaft um die Gestalt des Buddha gewunden, die ein bezeichnendes Licht auf Krishnamurtis Vorstellung von Wahrheit wirft. In dieser Geschichte spielt Empfindung eine große Rolle, Geschehnisse, die nicht der Ebene des Intellekts zugeordnet werden können – und die Rolle von Lehrer und Schüler. Krishnamurti erzählt: »Ich treffe den Buddha. Ich lausche ihm sehr aufmerksam. In mir ist nun die ganze Wahrheit seiner Worte gegenwärtig, und er geht. Er sagte mir sehr eindringlich: »Sei dir selbst ein Licht.« Die Saat geht auf. Vielleicht vermisse ich ihn. Er war ein Freund; jemand, den ich sehr liebte. Das wirklich Wesentliche aber ist die Saat der Wahrheit, die er gesät hat. Durch meine Wachheit, meine Bewußtheit, mein intensives Lauschen wird diese Saat aufgehen. Welchen Sinn sollte es sonst haben, daß jemand ›es‹ hat? Wenn X in diesem außergewöhnlichen Zustand der Erleuchtung ist, diese Weite, dieses Mitgefühl ausstrahlt, wenn nur er ›es‹ hat und dann stirbt – welchen Sinn sollte das haben? Welchen?«[265) Krishnamurti erzählt hier nicht die Geschichte von Buddha und seinen Schülern; Krishnamurti erzählt die Geschichte von Krishnamurti und seinen Schülern. Die Geschichte drückt zugleich in poetischer Weise seine Hoffnung aus, jenseits der eigentlichen Bedeutung der Worte verstanden worden zu sein. Was er hier in eine Erzählung einkleidete, faßte er später in den letzten vier Sätzen seines Schlußvortrages in Washington, am 21. April des Jahres 1985, in prägnanter Form zusammen. Wer sich der Mühe unterzieht, diesen

265) Jayakar, S. 400

Vortrag auf dem Video zu verfolgen, erhält ein Gefühl für die Tiefe der Worte und die Ausstrahlung, die von Krishnamurti auf die Zuhörerschaft übergeht. »Das Gehirn ist ungewöhnlich tüchtig, es besitzt grenzenlose Kapazität, aber wir haben es so klein und so unbedeutend gemacht.

Wenn also dieser Raum vorhanden ist und die Leere und dadurch immense Energie – Energie ist Leidenschaft, Liebe, Mit-Gefühl und Intelligenz –, dann gibt es diese Wahrheit, die das Allerheiligste ist, dasjenige, wonach der Mensch seit Urzeiten auf der Suche war. Diese Wahrheit ist nicht in irgendeinem Tempel, in einer Moschee oder in einer Kirche zu finden, und es gibt keinen anderen Weg zu ihr als durch die eigene Selbsterkenntnis, durch Erforschen, Studieren, Lernen. Dann ist das, was ewig ist.«[266)]

[266)] K., Die Vorträge in Washington, S. 72

XII. Evolution

»Wirklich wichtig ist nur dieses Wissen – die Erkenntnis von Gottes Plan mit dem Menschen. Gott hat einen bestimmten Plan, und dieser Plan ist die Entwicklung.« – Alcyone –

Wenige Jahre vor seinem Tod wurde Krishnamurti anläßlich eines Interviews mit der *New York Times* von Paul L. Montgomery gefragt, ob er glaube, sein Werk habe eine Veränderung im Leben der Menschheit bewirkt. Krishnamurtis Antwort lautete: »Ein wenig; aber nicht viel.«[267] Diese scheinbare Randbemerkung wirft mehr Licht auf ein grundsätzliches Problem, als man bei oberflächlichem Lesen anzunehmen geneigt ist. Sie legt Zeugnis ab für Krishnamurtis – vielleicht resignative? – Selbsteinschätzung, daß die Evolution sich nach anderen Zeitrhythmen bemißt, als er über Jahrzehnte hinweg angenommen hatte.

Diese Fehleinschätzung kann zweierlei belegen: Zum einen mag Krishnamurti in seiner außerordentlichen Bescheidenheit nicht gesehen haben, wie weit entfernt er von der ›Normal-Menschheit‹ war; zum anderen verdeutlicht es, in welcher Weise Krishnamurti sich irrte, wenn er glaubte, Erleuchtung oder der Durchbruch zur Wirklichkeit, die Bezeichnungen sind hier unwesentlich, könne potentiell von jedermann *hier und jetzt* erlangt werden. Diesen immensen Trugschluß hatte ihm schon Geoffrey Hodson vorgeworfen[268], diese Einsicht hätte beinahe die Veröffentlichung seines »Notebooks« verhindert[269], und in fast prophetischer Vorahnung

[267] Mary Lutyens (1988), S. 58
[268] Vgl. H. Hodson, Krishnamurti, a. a. O., S. 13 ff.
[269] Vgl. Mary Lutyens (1991), S. 150 f.

hatte Emily Lutyens bereits in den dreißiger Jahren in einem bewegenden Brief auf diese Gefahr hingewiesen. »Du scheinst Dich darüber zu wundern, daß die Menschen Dich nicht verstehen, aber es sollte mich wundern, wenn sie es täten. Schließlich und endlich stellst Du alles auf den Kopf, was sie je geglaubt haben. Du nimmst ihnen ihr Fundament und setzt an diese Stelle eine verschwommene Abstraktion. Du sprichst über das, was Du selbst als unbeschreiblich bezeichnest und von dem Du selber sagst, daß es unbeschreiblich ist und nicht verstanden werden kann, bis man es selber entdeckt. Wie erwartest Du dann, daß sie es verstehen sollen? Du sprichst von einer anderen Dimension aus und hast ganz vergessen, was es bedeutet, in einer dreidimensionalen Welt zu leben ... Du befürwortest eine vollkommene Zerstörung des Egos, um etwas zu erreichen, daß man nicht kennen kann, bis man es erreicht hat! Es ist ganz natürlich, daß die Menschen ihre Egos vorziehen, von denen sie etwas wissen ... Kein menschliches Problem bedeutet Dir etwas, weil Du ego-los bist, und Deine Abstraktion von der Seligkeit bedeutet den Menschen, die immer noch voller Verlangen sind, in der Welt, so wie sie sie kennen, zu leben, gar nichts.«[270] Warum wollte Krishnamurti, vor allem in der zweite Hälfte seines Lebens, eine spirituelle Evolution nicht akzeptieren? Warum sperrte er sich vehement gegen jenen Reifungsprozeß, den G. Hodson »die Entfaltung des inneren Lebens« nannte, und der ein kosmisches Gesetz darstellt, das nicht auf gewissermaßen ›künstliche‹ oder erzwungene Art und Weise ausgeschaltet werden kann. Bildete die Bejahung des Evolutionsgedankens eine Blockade auf dem Weg zur inneren Einsicht?

»Meine Entwicklung nimmt nie ein Ende«, schrieb Krishnamurti 1930 an Emily Lutyens.[271] Zu diesem Zeitpunkt ging er noch

---

[270] ebd., S. 109
[271] dies. (1981), S. 326 f.

von einem Evolutionsgedanken aus, der auch geistiges Reifen beinhaltete. Drei Jahre vorher, noch zur Zeit des »Sternenordens«, klang in seinen Vorträgen noch das traditionelle Weltbild der Theosophie an, wenngleich schon mit einem bemerkenswerten neuen Akzent. In seinen Ommen-Reden des Jahres 1927 skizziert Krishnamurti die theosophische Kosmogonie, wonach aus dem Allgeist die individuellen Lebensfunken hervorgehen, um sich auf langen Entwicklungsbahnen zur Vollkommenheit emporzuringen. Er kleidet seine eigene Geschichte in diesen Weltschöpfungs-Mythos, um dann fortzufahren: »Nach und nach gelang es diesem Menschen, den Ihr als Krishnamurti kennt, der als abgesonderter Funke, als ein von der Flamme gelöstes Wesen seinen Anfang nahm, durch große Erfahrungen, mit dieser Flamme vereinigt zu werden.

Ich habe Euch diese Geschichte erzählt, weil gewöhnlich, wenn ein Individuum als Sonderwesen seinen Anfang nimmt, es Äonen, es Jahrhunderte an Zeit erfordert, um all die Lehren, all die Unterweisungen zu erwerben, die das Leben geben kann, bevor die Möglichkeit besteht, diese Vorstellung von der Befreiung und der Glückseligkeit zu sehen, zu ahnen. Aber jedem von Euch, der hier ist, bietet sich jetzt die Möglichkeit, diese Vision der Befreiung und der Glückseligkeit zu genießen, *weil jetzt Euch der Geliebte gegenwärtig ist*, und wenn der Geliebte mit Euch ist, dann schwindet der Begriff der Zeit. Ihr braucht nicht all die Prüfungen der Sorge, der Bedrängnis, der Kümmernisse, der wilden Freude durchzumachen, um das Ziel zu erkennen, das für alle das Ende ist.«[272] Ich halte diese frühe Aussage für einen wichtigen Schlüssel, um manche Zurückweisung des Evolutions-Gedankens durch Krishnamurti zu verstehen. Offensichtlich hielt es Krishnamurti für möglich, eventuell sogar für wahrscheinlich, daß die sich durch ihn offenbarende göttliche Kraft zu einer unmittelbaren Transformation anderer Menschen führen konnte. (Es hatte in den Jahren zwi-

---

[272] Krishnamurti, Reden am Feuer, a. a. O., S. 47 f.

schen 1910 und 1925 genügend Geschehnisse gegeben, die ihn in dieser Auffassung bestärken konnten.) Anders scheinen mir manche Aussagen und manche Verhaltensweisen von ihm nicht verständlich.

Krishnamurtis Aussagen hinsichtlich der Evolutionsidee sind schon sehr früh widersprüchlich, was ein sorgfältiges Studium der »Early Writings« dokumentiert. 1930 antwortet er in Ojai einem Fragesteller: »Evolution ist eine unbestreitbare Tatsache.«[273] 1928 hatte er in Ommen bekannt, daß viele seiner Einsichten »unbewußt in ihm gewachsen seien«.[274] Somit gestand er einen inneren Reifeprozeß zu. In Eerde, ein Jahr zuvor, hatte er dagegen in einer grundsätzlichen Stellungnahme erstmals deutlich gemacht – gegen die theosophische Überzeugung –, daß »man auf jeder Stufe der Evolution, wo immer man stehen möge, Befreiung erreichen könne«.[275] Dabei sind manche seiner Erklärungsversuche über die praktische Verwirklichung dieser Idee von einer geradezu rührenden Naivität, so wenn er versucht zu erklären, wie er einem kindlichen Verstand die Freiheits-Idee vermitteln würde.[276] An gleicher Stelle spricht er dann 1929 davon, daß Erleuchtung nicht gewissermaßen blitzartig komme, sondern eher ein »fortwährender Prozeß« sei.[277] Von E.A. Wodehouse in einer Diskussion darauf angesprochen, daß manche seiner Aussagen bezüglich der Evolution schwer verständlich seien, präzisierte er seine Gedanken. »Andererseits mag es wahr sein – ist es wahrscheinlich sogar –, daß ein gewisser Grad evolutionären Wachstums erforderlich ist, bevor jemand in sich den echten Wunsch verspürt, die Überwindung des Egos zu verwirklichen. Deshalb sollte die Aussage, daß Befreiung auf *jeder* Stufe erreicht werden kann, modifiziert werden. .. Unter

---

273) Early Writings IV, S. 71
274) ebd., I, S. 122
275) ebd. II, S. 6 Vgl. auch M. Lutyens 1984, S. 22
276) Early Writings II, S. 28
277) ebd. II, S. 191

diesem Blickwinkel gesehen, ist die Reise zur Befreiung (wenn man es so ausdrücken will) eine lange Befreiung. Das entscheidende Moment dabei ist, in die richtige Richtung zu schauen. Danach spielt die Zeitdauer, die die Reise in Anspruch nehmen mag, keine Rolle mehr. Mit der »Befreiung angefangen zu haben«, ist das einzige, was zählt.«[278)] Dieser differenzierte Standpunkt scheint für mehrere Jahre Krishnamurtis Überzeugung zum Ausdruck gebracht zu haben, denn Carlo Suares zitiert ihn in seiner 1950 erschienenen überarbeiteten Fassung seines Buches mit den Worten: »Es kann nur von einer Evolution, einer fortwährenden inneren Erneuerung, gesprochen werden, wenn man sich selbst versteht.«[279)] Hier wird Evolution mit Bewußtsein verknüpft, wobei die Frage zu stellen bleibt, wie vollzieht sich Evolution *bis* zu jener Stufe, an der Selbsterkenntnis einsetzt?[280)] Diese Frage drängt sich um so mehr auf, wenn man sich einen Satz Krishnamurtis aus einem Dialog mit David Bohm in Erinnerung ruft: »Ich glaube nicht, daß es überhaupt eine psychologische Evolution gibt.«[281)] Noch deutlicher formulierte Krishnamurti diesen Gedanken in seinem Tagebuch: »Wie wir gesagt haben: es gibt keine Evolution der Psyche. Die Psyche kann niemals etwas werden oder in etwas hineinwachsen, was sie nicht ist. Dünkel und Arroganz können nicht zu besserem oder größerem Dünkel erwachsen, noch kann es die Selbstsucht, die ein allen Menschen gemeinsames Los ist. Die Selbstsucht kann auch nicht immer selbstsüchtiger und mehr und mehr zu ihrer eigenen Natur werden.«[282)] Es drängt sich mir bei der Lektüre solcher Sätze immer wieder die Frage auf, wie Krishnamurti bestimmte Worte, wie zum Beispiel Seele (psyche), wirklich verstanden wissen wollte. Offensichtlich lehnte er das Wort »Seele« als Bezeichnung für die wahre innere Wesenheit des Menschen ab,

---

278) E.A. Wodehouse, A Conversation ..., a.a.O., S.24f.
279) Carlo Suares, K. an the Unity of Man, Bombay 1982^6, S.204
280) Ähnliche Gedanken finden sich bei P.Jayakar (S.350f).
281) Krishnamurti/D. Bohm, The Future of Humanity, Den Haag 1986, S. 10
282) Tagebuch, S. 51

denn »die Seele (Psyche) ist vom Gehirn erfunden worden«.[283)] Das Gehirn aber verstand Krishnamurti nicht als individuelles Ausdrucksorgan (gemäß karmischer Strukturen), sondern als ›anthropologische Einheitsmasse‹. Es gab nicht »mein Gehirn« oder »mein Denken«, es gab nur *das* Denken.[284)] Diese Vorstellung widerspricht allerdings diametral einer eigenen Erfahrung Krishnamurtis, die er unter dem Datum des 20.Juli 1961 in seinem »Notebook« festhält. Im Anschluß an die mystische Berührung einer göttlichen Wirklichkeit notiert er: »All das scheint Auswirkungen auf das Gehirn zu haben; es war nicht mehr so wie vorher.«[285)] Hier zeigt sich eindeutig ein evolutives Moment, und es dürfte unbestreitbar sein, daß es eines Gehirns wie jenes von Krishnamurti bedurfte, um diese Erfahrung in einer materiellen Welt zu manifestieren. Nur eine über Jahrtausende bis zu jener Vollkommenheit gereifte Seele konnte jene Transformation erleben, wobei unbestritten bleibt, daß diese Erfahrung allen Menschen, mit Krishnamurti gesprochen »allem Denken«, zugute kommt. Sollte sich Sheldrakes Theorie von den »morphogenetischen Feldern« als zutreffend erweisen, stände damit sogar ein wissenschaftliches Erklärungsmodell zur Verfügung.[285a)]

In seinem letzten Lebensjahrzehnt muß Krishnamurti erkannt haben, daß seine Vorstellungen über eine unmittelbare Transformation unter Vernachlässigung des evolutiven Prozesses so nicht zutreffend waren. Gespräche mit Freunden und Schülern, die ihre ehrliche Unfähigkeit bekannten, eine Verwandlung in Krishnamurtis Sinne und in seiner radikalen Plötzlichkeit zu vollziehen, ließen ihn sehr nachdenklich werden.[286] Eine von Mary Lutyens dokumentierte Begebenheit in der Rishi Valley Schule veranschaulicht

283) Krishnamurti, The Way Of Intelligence, Madras 1989², S.187

284) ebd., S.171

285) Notebook, S.28

285a) Vgl. zum Morphogenetischen Feld: Rupert Sheldrake, Das schöpferische Universum, München 1983; ders., Das Gedächtnis der Natur, München 1990; ders., Die Wiedergeburt der Natur, München 1991

286) Vgl. Krishnamurti, The Awakening of Intelligence, London 1990, S. 23

diesen Sachverhalt ebenfalls. »Am 21.September fragte K. in einer Sitzung des Mitarbeiterstabes: »Wie stellt ihr es an, daß die Schüler, ohne sich Zeit zu nehmen und unmittelbar, erkennen, daß die Wurzel des Konflikts Eigennutz ist? Es nicht nur erkennen, sondern sofort transformiert werden?« Er fuhr fort, indem er sagte, daß von den Hunderten von Schülern, die Rishi Valley, seine älteste Schule, besucht hatten, sich nicht ein einziger verwandelt hätte. Als sie nach der Sitzung allein waren, fragte Mary ihn, worin der Sinn läge, Schüler zu unterrichten, wenn sich in diesen ganzen Jahren nicht ein einziger verwandelt hätte? Wenn unter seinem ganzen Einfluß kein Schüler transformiert worden sei, wie könnten dann wir übrigen, die sich offensichtlich auch nicht verändert hatten, eine Wandlung in den Schülern bewirken? »Wenn es Dir nicht gelungen ist, wie können wir es dann überhaupt schaffen?« fragte sie. »Ich weiß nicht«, erwiderte er, aber in scherzhaftem Ton, weil er offensichtlich mit diesem ernsten Thema nicht weitermachen wollte.«[287] Offensichtlich sah Krishnamurti nach den endlosen Jahren des Reisens und Lehrens ein, daß auch er nicht mehr vermochte, als einen Samen zu säen, der wachsen würde, dessen Wachstum aber unaufhaltsam war.[288]

Ähnlich muß auch Pupul Jayakar den Krishnamurti der Altersjahre empfunden haben. »Auf einem Spaziergang sagte er zu mir: »Die innere Suche ist unendlich. Du mußt allein sein, alles hinter dir lassen, dann kannst du die Reise ins Unbekannte antreten.« Auch er selbst suchte und forschte noch immer, tastete sich vor und stellte Fragen.«[289] Wie bei einigen anderen der ganz großen Wissenden begegnen wir auch bei Krishnamurti dem eigenartigen Widerspruch von ›vollständiger‹ Vereinigung und unendlichem Fortschreiten. Vielleicht löst er sich nur für den, der selbst »von Angesicht zu Angesicht« sieht – aber jeder bedarf der Reifung, bis sich seine inneren Augen öffnen.

---

[287] Mary Lutyens 1991, S. 236 f.
[288] Vgl. sein Gespräch mit Scott Forbes im Jahre 1985. In Mary Lutyens 1988, S. 113
[289] Jayakar, S. 405

XIII. Angst

Vor einer Untersuchung über Krishnamurtis Gedanken zur Angst und ihrer Überwindung erscheint es mir aufschlußreich, auf zwei seiner persönlichen Erlebnisse einzugehen, die eng mit dieser Problematik verknüpft sind.

Als Kind war Krishnamurti eher furchtsam, eine Eigenschaft, die C.W.Leadbeater schnell auffiel. Es war eines seiner Erziehungsziele, in seinen Schülern die Angst zu überwinden. Eines Tages beobachtete Leadbeater, wie Krishnamurti beim Schwimmen eine bestimmte tiefe Stelle in der Bucht von Adyar zu meiden trachtete. Krishnamurti hatte nicht bemerkt, daß Leadbeater sein Verhalten aufgefallen war. So zeigte er sich erschrocken, als Leadbeater am Abend zu ihm sagte: »Jetzt gehen wir noch einmal zum Meer hinunter, um die tiefe Stelle zu suchen.« Mit seiner Angst konfrontiert, gelang es Krishnamurti, sie zu überwinden. Es sollte eine tiefe und bleibende Erfahrung für ihn sein. Seine Erfahrung bestand darin, die Angst bewußt zu konfrontieren und so zu überwinden, und sollte zentraler Bestandteil seiner späteren Lehren sein.[290)]

Die zweite Begebenheit weist eine tiefere Dimension auf und berührt ein Thema von großer Wichtigkeit – die Begegnung mit dem »Bösen«. Krishnamurti hing keinen naiven Teufels- oder Satansvorstellungen etc. an; doch er wußte um die Realität dämonischer Kräfte. Er hatte die Quelle des Guten berührt, doch er wußte auch um die Kräfte der Zerstörung – und Angst bot einen Berührungspunkt. »Krishnaji sagte: »Angst zieht das Böse an, und wenn man darüber spricht, lädt man es ein.« Plötzlich veränderte sich sein

290) Vgl. Emily Lutyens, S. 26 – Vgl. auch Jayakar, S. 147

Gesichtsausdruck, er wirkte völlig abwesend. Er schlang die Arme um sich und zog sich ganz in sich zusammen. Dann sagte er: »Spürt ihr es im Raum?« Die Atmosphäre im Zimmer war geladen. Dann sagte Krishnaji: »Bevor wir schlafen gehen, muß ich es austreiben. Dieser Ort muß geschützt werden.« Er sagte nicht, was er tun würde, aber es mußte etwas getan werden. Kurz darauf stand er auf und ging in allen Zimmern umher. ... Ein wenig später kam Krishnaji zurück. Er wirkte ruhig, sein Gesicht sah sehr schön aus, und seine Augen waren klar. Was auch immer im Raum gewesen sein mochte, es war vollkommen verschwunden.

Nandini und ich hatten im Laufe der Jahre oft über Krishnajis Einstellung zu Gut und Böse gesprochen. Er hatte zu uns gesagt: »Das Böse ist Realität. Gebt euch nicht damit ab. Ihr solltet nicht einmal in Gedanken damit spielen. Darüber nachdenken heißt es einladen. Haß und Eifersucht ziehen das Böse an. Deshalb ist es wichtig, daß Körper und Geist still sind und daß ihr, falls starke Gefühle in euch aufkommen, ständiger Beobachter bleibt. Das Zerstörerische ist immer nur einen Schritt entfernt. Ganz gleich, wer ihr seid.«[291] Seine gewaltige geistige Kraft und der mächtige Schutz, der ihn umgab, setzte Krishnamurti stets in die Lage, die Finsternis durch sein Licht zu vertreiben. Er blieb aber stets wachsam, um das Herannahen des Schattens zu erspüren.

Angst schloß die Tür zum Licht; und als zentrale Angst hatte Krishnamurti die Angst vor dem Tod ausgemacht. Schon früh versuchte er zu zeigen, wie diese Angst durch die Erfahrung der sie transzendierenden Wirklichkeit zu überwinden sei. Er gab nicht die traditionellen Antworten hinsichtlich des Lebens nach dem Tod, in denen er nur einen schwachen, sogar lähmenden Trost sah. Nicht in einer tröstlichen Gewißheit vom Fortleben nach dem Tod drückte sich für ihn die Dynamik des Lebens aus, sondern indem der Mensch zur Erkenntnis seiner wahren Unsterblichkeit fand. Dieser

[291] Jayakar, S. 410 f.

Schritt, von einer esoterischen Jenseitslehre zum nüchternen Appell zur Selbsterkenntnis, bereitete vielen seiner Freunde große Schwierigkeiten, unter ihnen auch Emily Lutyens. Sie konnte die Entwicklung von Krishnamurti, der noch vor kurzem voller Anteilnahme die Begegnung mit seinem verstorbenen Bruder erlebt hatte, hin zum Krishnamurti der »radikalen neuen Wirklichkeit« nicht nachvollziehen.[292] Verlangte Krishnamurti auch hier zu viel von den Menschen, die ihm zuhörten? Mußte die Angst vor dem Tod, vor dem Nichts, nicht zuerst eine befriedigende Antwort finden, ohne das eigentliche Ziel aus den Augen zu verlieren?[293]

Der Tod war das Ende der Zeit, der Lebenszeit. Die Zeit war der Handlanger der Angst. Die Angst zu besiegen hieß, die Zeit zu überwinden. Einen seiner Vorträge des Saanen-Treffens des Jahres 1975 widmete Krishnamurti dem Thema Angst und ging speziell auf die von ihm ausgemachte Verbindung von Angst und Zeit ein. »Wenn man von Angst frei sein will, muß man frei von der Zeit sein. Wenn es keine Zeit gäbe, hätte man keine Angst. Ich frage mich, ob Sie das erkennen. Wenn es kein Morgen, sondern nur das Jetzt gäbe, hörte die Angst als gedanklicher Vorgang auf. Wenn vollkommene psychologische Sicherheit gegeben ist, gibt es keine Angst.«[294] Zeit und Denken bilden die Wurzeln der Angst. Die gute Stellung heute, die Arbeitslosigkeit morgen. Der gesunde Körper heute, morgen die Krankheit. Die Angst vor der Veränderung zum Negativen, die entscheidend vom Denken bestimmt wurde. Auch hier lautete Krishnamurtis Ratschlag, sich von der Zeit zur Zeitlosigkeit, vom Vergänglichen zum Wirklichen zu wenden. Doch was war mit all denen, die diesen gewaltigen Schritt nicht zu bewältigen vermochten, denen aber die Angst blieb? Die *intellektuelle* Einsicht in die von Zeit und Denken bestimmte Angst überwand und durchtrennte

---

[292] Vgl. Emily Lutyens, S.185 und Mary Lutyens (1984), S.77. Auch das Gespräch Krishnamurtis mit Suares ist in diesem Zusammenhang aufschlußreich. Vgl. bei Vas, a.a.O., S.94.

[293] Gelegentlich sind Krishnamurtis Vorstellungen über die Lösung von Ängsten von einem Hauch Naivität geprägt. Vgl. dazu Early Writings III, S.99 oder Jayakar, S.239.

[294] Mary Lutyens (1991), S.188

noch nicht deren tiefe Wurzeln. Diese Hilflosigkeit kommt beeindruckend in der Schilderung eines Treffens der indischen Freunde Krishnamurtis zum Ausdruck, das Pupul Jayakar in ihrer Biographie überliefert. Die Angst wurde körperlich, greifbar, und keiner der Anwesenden konnte eine praktikable Lösung vorschlagen. Erst durch das – von Krishnamurti sicher entscheidend bestimmte – Absinken in eine tiefe Stille öffnete sich ein inneres Tor, um die Angst zu transformieren. In Pupul Jayakars Erinnerung schloß dieser bewegende Abend wie folgt: »Ich hatte zugehört, und ich begriff, daß Angstfreiheit nicht durch irgendeine innere oder äußere Aktion erreicht werden konnte, sondern nur dann möglich war, wenn der Verstand völlig still wurde. Die Ruhe, die das Gespräch in mir hervorgerufen hatte, begleitete mich, und in dieser Nacht schlief ich zum ersten Mal wieder ohne Angst. Auch später wurde ich nie wieder von dieser grauenvollen Urangst überfallen. Die wenigen Ängste, die seit diesem Diskussionsabend noch auftraten, bewegten sich stets an der Oberfläche des Bewußtseins, so daß ich mich leichter mit ihnen auseinandersetzen konnte. In den darauffolgenden Tagen sprach Krishnaji mit mir über das Alleinsein. Es war ein außergewöhnlicher Seinszustand – ein Zustand völliger Isolation. Der Mind ist gefangen im Wesen des Selbst, dem »Ich« mit seinem Netz von Worten und Vorstellungen. Er forderte mich auf, mich mit dem absoluten Alleinsein zu konfrontieren, denn nur so konnte man die Angst hinter sich lassen. »Frei von Angst zu sein bedeutet, frei von der Zeit zu sein«, sagte er. Ich nahm diese Worte auf und bewahrte sie in meinem Inneren wie einen kostbaren Schatz.«[295]) Die Angst konnte nicht auf ihrer eigenen Ebene überwunden werden. Der direkte Kampf mit ihr verstärkte sie eher. Die Kräfte zur siegreichen Überwindung lagen in einer tieferen Dimension. Dort ruhte eine gewaltige Energie, die erschlossen werden konnte, wenn man die alten Muster fallen ließ und zu einer neuen,

---

[295]) Jayakar, S. 289. Vgl. auch die »Vorträge in Washington«, S. 33 u. 38

nicht vorgeprägten Einstellung fand. Einer Einstellung, die als eine unschuldige Reinheit charakterisiert werden konnte. Und »nur aus der Unschuld können Sie Probleme lösen, und unschuldig ist ein Mensch, der jedem Ding neu begegnet.«[296]

Zwei Faktoren der Angst griff Krishnamurti immer wieder gesondert heraus – das Streben nach Erfolg und Ruhm sowie die innere Unfreiheit. »Solange wir uns Erfolg als Ziel setzen, können wir nicht frei von Furcht werden, denn der Wunsch nach Erfolg erzeugt unfehlbar Furcht vor dem Versagen. Daher sollte man die Jugend nicht dazu anhalten, den Erfolg zu verehren.«[297] Das zwanghafte Streben nach Überlegenheit oder zumindest nach Gleichheit mit anderen, erzeugt ein außerordentliches Maß an Angst, wobei die Palette von Minderwertigkeitsgefühlen bis hin zur absoluten Lebensangst reicht. Die Bemessung des eigenen Lebenswertes an anderen oder durch andere führt zwangsläufig zu Ängsten und geht am Wesen der Existenz vorbei.[298] Diese gesellschaftlich induzierte Angst konnte in Krishnamurtis Augen langfristig nur dadurch überwunden werden, daß die Prägungen bereits in den Schulen aufgelöst wurden. Konformität, Imitation und Anpassung mußten aufgegeben werden, um der wirklichen Wesensart eines Individuums zu angstfreier Entfaltung zu verhelfen.[299] Der Schlüssel hierzu lag in der inneren Freiheit. Diese bedingte vor allem die Lösung von der Bindung an selbst errichtete Autoritäten. »Eine Folge der Furcht ist das Aufstellen von Autoritäten bei unseren menschlichen Angelegenheiten. Wir schaffen Autorität in unserem Verlangen, recht zu haben, sicher zu gehen, behaglich zu leben und keine bewußten Konflikte oder Störungen zu erleiden; ein Ergebnis der Furcht kann uns jedoch niemals helfen, unsere Probleme zu begreifen, selbst dann nicht, wenn sich die Furcht in die Form von Respekt

---

[296] Krishnamurti, Die andere Dimension, Gespräche in Saanen 1966, Berlin (o.J.), S.37
[297] Vertrauen zum Leben, S.41. Vgl. auch »In Kommunion mit dem Leben«, S.74f.
[298] Vgl. Jayakar, S.250
[299] Vgl. »Aus dem Schatten in den Frieden«, S.80

und Gehorsam den sogenannt Weisen gegenüber kleidet. Weise Menschen üben keine Autorität aus, und autoritative Menschen sind keine Weisen. Furcht in jeglicher Form verhindert das Verständnis des eigenen Ich und seiner Beziehungen zu allen Dingen.«[300)] Dieser Schritt erforderte die wache Auseinandersetzung mit der Gesellschaft, ihrer Moral und ihren Zwängen. Dazu bedurfte es einer außerordentlichen Intelligenz, einer spirituellen Intelligenz, die sich für Krishnamurti durch Liebe, Güte und Mitgefühl charakterisierte. Diese Intelligenz stellte die Energie zur Verfügung, um von aller Angst frei zu werden; denn »Freiheit ist eine absolute Notwendigkeit. Wie kann ein Geist, der Angst hat, jemals frei sein?«[301)] Doch diese Freiheit ließ sich leichter auf dem Gipfel des Geistes hissen, als sie in den Niederungen suchender Seelen zu verwirklichen. Viele menschliche Ängste saßen sehr tief, rührten aus ferner Vergangenheit her, und ihre Überwindung erforderte gewaltige Kräfte – und nicht allen ringenden Seelen stand ein Krishnamurti helfend zur Seite, um den Blick auf die Angst gerichtet zu halten, ohne die Augen zu senken.

---

300) Vertrauen zum Leben, S. 58 f.
301) Ausgewählte Texte, S. 188

XIV. Freiheit

Die Freiheit liegt darin,
Traditionen hinter sich zu lassen und zu experimentieren.

Mit dem Freiheitsgedanken berühren wir das Herz der ›Lehre‹ Krishnamurtis. Schon der heranwachsende Krishna suchte kleine Freiräume im genau vorgezeichneten theosophischen Erziehungsrahmen; und der Krishnamurti der zwanziger Jahre war schon stark geprägt von der Bemühung um geistige Freiheit und Unabhängigkeit, die dann in der Auflösung des »Sternenordens« gipfelte.

In der Freiheitsidee sah Krishnamurti das Wesen des Menschen beschlossen. »Vollkommene Freiheit ist das einzige, was im menschlichen Dasein von Bedeutung ist.«[302] Die Freiheit darf jedoch nicht als banaler Ausdruck von Willkür oder Zügellosigkeit interpretiert werden. Freiheit war für Krishnamurti nicht nur ein einzigartiger Wert, sie offenbarte auch eine einzigartige Tugend. »Freiheit erfordert sehr große Disziplin. Freiheit setzt große Demut voraus, setzt angeborene innere Disziplin und Arbeit voraus.«[303] Mit dieser Aussage wird deutlich, welche Qualität Freiheit im Sinne Krishnamurtis auszeichnet. Es ist die Freiheit eines geläuterten Bewußtseins, das von persönlichen Wünschen und Begierden freigeworden und zur Klarheit einer Einheitserfahrung aufgestiegen ist, in der innere und äußere Freiheit zusammenfallen.

Das äußere Freiwerden – ihn selbst und andere betreffend –, beschwor Krishnamurti in einmaliger Weise in seiner erschüttern-

[302] Gespräche in Saanen 1968, S. 27
[303] Welt des Friedens, S. 15

den Rede am 2. August des Jahres 1929, bei der Auflösung des »Sternenordens« in Ommen. Dort findet man am Anfang und am Schluß jene bemerkenswerten Worte: »Ich behaupte, daß die Wahrheit ein pfadloses Land ist. Und man kann sich ihr auf keinem Pfad nähern, über keine Religion, über keine Sekte. Das ist mein Standpunkt, und ich halte daran absolut und bedingungslos fest ... Wenn ihr das erst einmal verstanden habt, dann werdet ihr einsehen, wie unmöglich es ist, einen Glauben zu organisieren. Ein Glaube ist eine rein individuelle Angelegenheit, und ihr könnt und dürft ihn nicht organisieren. Falls ihr es doch tut, stirbt er, kristallisiert sich, wird zu einem Glaubensbekenntnis, zu einer Sekte, zu einer Religion, die anderen aufgezwungen wird. –

Kein von außen kommender Mensch kann Sie befreien, kein organisierter Kultus, kein Opfertod für irgendeine Sache, keine Organisation, die Sie bilden, keine Arbeit, in die Sie sich stürzen, nichts dergleichen kann Sie befreien. Sie benutzen eine Schreibmaschine zum Briefeschreiben, doch stellen Sie sie nicht auf einen Altar und beten sie an.«[304] Für viele kamen diese Worte und das ganze Geschehen überraschend; aber sie hatten in den Jahren zuvor nicht genau auf Krishnamurtis Worte gehört, seinen schriftlichen Äußerungen nicht genügend Beachtung geschenkt. Andernfalls hätten sie in einem seiner frühen poetischen Werke («The Search«) bereits all das vorgezeichnet finden können, was sich später so spektakulär Gehör verschaffte. Im Teil IV von »The Search« schreibt Krishnamurti:

[304] Mary Lutyens 1991, S. 101 und M. Lutyens 1981, S. 320

Das Glück, das keine
Einsamkeit kennt,
Aber unendliche Gewißheit
Und Losgelöstheit
Eine Liebe, die nicht an Personen hängt
Die frei ist von Vorurteilen
Nicht gebunden durch Tradition
Nicht gebunden durch Autorität
Nicht gebunden durch Aberglauben
Die keine Religion ist.
Das Glück
Das nicht vom Wort anderer
Von keinem Priester
Von keiner Sekte abhängig ist,
Das keinen Aufkleber benötigt,
Von keinem Gesetz bestimmt wird .....[305)]

Im Grunde sind alle späteren Freiheitsforderungen hier bereits vorgefaßt; so z.B. jene an Religionen und Sekten. »Es ist die Trennung, die Freiheit und Liebe verneint, nicht die Organisation. Wenn Organisation trennt, führt das zum Krieg. Glaube in jeglicher Form, Ideale, so edel und eindrucksvoll sie auch sein mögen, erzeugen Trennung. Organisierte Religion ist die Ursache der Spaltung, ebenso wie Nationalismus und andere Machtgruppen.«[306)]

Auch die fünfundfünfzig Jahre später geäußerte Absage an die Tradition ist im Wesen eine Fußnote zu jenem frühen Bekenntnis: »Wir alle sind Sklaven der Tradition. Und wir glauben, sehr verschieden voneinander zu sein. Wir sind es nicht. Wir alle durchlaufen das gleiche große Elend, wir vergießen Tränen, wir sind alle menschliche Wesen, keine Hindus, Moslems oder Russen – das

305) From Darkness to Light, The Collected Works of Krishnamurti, Vol. I, San Francisco 1980 S. 34 f.
306) Krishnamurti, frei sein!, Bern o. J., S. 92

sind lediglich Etiketten ohne Bedeutung. Der Geist muß absolut frei sein. Das heißt, daß man absolut für sich sein muß; doch wir alle haben so große Angst davor, allein zu sein.

Der Geist muß frei sein, äußerst gelassen, nicht kontrolliert oder beherrscht. Wenn der Geist wirklich religiös ist, dann ist er frei und fähig, die Wahrheit zu erkunden, zu der es keinen Leitfaden gibt, keinen Wegweiser. Nur der gelassene, ruhige Geist, nur der freie Geist kann erfahren, was jenseits der Zeit ist.«[307] Seine Worte haben größere Präzision und die Tiefe einer gereiften Persönlichkeit gewonnen, aber sie entspringen noch immer jener Klarheit der jungen Jahre. Nehmen wir als letztes Beispiel die Autorität: »Kein äußeres System wird den Menschen helfen. Im Gegenteil: Systeme trennen die Menschen; das hat sich ständig in der Welt erwiesen. Und innerlich einen anderen als Autorität anzunehmen, die Autorität eines Systems zu akzeptieren, heißt in der Isolation zu leben, abgesondert zu sein; und darin liegt keine Freiheit.«[308] Die Freiheit von Tradition, Autorität, Religion, Sekten und Personenkult, alles zentrale Themen von Krishnamurti in den sechzig Jahren nach 1926 – und alle schon vollständig präsent und ausgereift in dem jungen Mann der zwanziger Jahre. Diese Kontinuität wird meines Erachtens viel zu gering bewertet. Der Krishnamurti der siebziger Jahre war nicht kritischer gegenüber Religion und Autorität als jener des Jahres 1926. Schon der junge Krishnamurti hatte sich gelöst von äußeren Begrenzungen und religiösen Gruppierungen; als dann noch die – für ihn – Pervertierung des wahrhaft Heiligen geschah (Huizen 1925), stellte er die Religion *im konfessionellen Sinn* (gleich welcher Art) in den Bereich der Un-Freiheit hinein. Nur die sich in Freiheit und Liebe entfaltende Religion des Herzens, in wahrer Demut und echtem Mitgefühl, entsprach seiner Vorstellung des Religiösen. Freiheit konnte nicht erst am Ende stehen, als Verheißung

---

[307] Aus dem Schatten in den Frieden, S. 31
[308] Gespräche in Saanen 1968, S. 28

einer bestimmten religiösen Erlösung, sie mußte Anfang, Mitte und Ende des Weges bestimmen. »Soll Freiheit unser Ziel sein, so muß man in Freiheit beginnen, weil Anfang und Ende eins sind. Selbsterkenntnis und Einsicht können nur entstehen, wenn vom ersten Anfang an Freiheit herrscht; man verleugnet jedoch die Freiheit, wenn man Autorität annimmt.«[309] Es wird niemanden verwundern, der die vorstehenden Worte Krishnamurtis liest, daß orthodoxe Kreise, vom katholischen Klerus bis hin zur hochkastigen Brahmanen-Hierarchie, in ihm einen Volksverderber erster Ordnung sahen. Sein Bestreben, den Menschen *absolut und bedingungslos zu befreien*, beraubte diese Kreise jeglicher Einflußnahme und aller Macht. Der freie Mensch benötigt nicht mehr den priesterlichen Vermittler, um mit dem absoluten Geist ›versöhnt‹ zu werden. Wer innerliche Freiheit gefunden hat, befreit sich mühelos auch von äußerer Unfreiheit. Auch im Umkehrschluß fand Krishnamurti einen tiefen Sinn: »Unabhängigkeit ohne Freiheit ist bedeutungslos. Wenn ihr Freiheit habt, braucht ihr keine Unabhängigkeit.«[310]

Besonders drastisch zeigte Krishnamurti diese Zusammenhänge im Dialog mit einigen Sannyasins in Srinagar auf. »Eine gelbe Robe anzuziehen bedeutet nicht, die Vergangenheit abzulegen. Du kannst die Welt niemals hinter dir lassen, denn die Welt ist ein Teil von dir. Du läßt vielleicht ein paar Kühe, ein Haus, hinter dir, aber deine Vergangenheit, dein Erbe, deine Tradition hinter dir zu lassen, erfordert enorme Bewußtheit.«[311] Immer und immer wieder wies Krishnamurti auf die Gefahr hin, ausgetretenen Pfaden zu folgen und alten Strukturen anzuhaften, ohne ihre Begrenztheit zu sehen. Nur die hellwache Beobachtung dieser alten Muster konnte das Erstarren und Verkrusten des Geistes verhindern, wobei er keinen Unterschied zwischen festgefahrenen Strukturen machte,

309) Vertrauen zum Leben S. 59/Vgl. auch M. Lutyens 1991, S. 186
310) Mary Lutyens 1991, S. 236
311) Jayakar, S. 212 f.

mochten sie dreitausend oder dreißig Jahre alt sein. »Wenn Sie aber frei sein wollen von Gewalt, die so tief in uns sitzt, müssen Sie sich selbst kennenlernen. Das können Sie nur, wenn sie sich beobachten – nicht nach Jung oder Freud oder einem anderen Fachmann, denn dann erfahren Sie nur das, was sie Ihnen bereits gesagt haben, und dabei lernen Sie gar nichts. Wenn Sie sich wirklich kennenlernen wollen, müssen Sie auf die bequeme Autorität der anderen verzichten und beobachten.«[312] In seiner Kritik an Autorität und Religion zeigt sich erneut eine größere Nähe zum buddhistischen als zum christlichen Ansatz. Nicht »der Glaube macht selig«, sondern der Zweifel führt zum Ziel. »Nur durch Zweifeln erreichst du Brahman; nicht durch das Anerkennen von Autorität.«[313] Es drückt sich dadurch kein Vorurteil Krishnamurtis aus, es zeigt nur gewisse Präferenzen; und natürlich bleibt auch er selbst zu hinterfragen, ob seine Ausgrenzung des Glaubens und Befürwortung des Zweifels nicht selbst eine Begrenzung darstellt.

In diesem Zusammenhang möchte ich allerdings auf eine Antwort Krishnamurtis aus dem Jahre 1947 hinweisen, die er in Madras auf eine Frage bezüglich der Hingabe des Willens an Gott gab. Sie verdeutlicht in überzeugender Weise seine Vorstellung von Freiheit im Gegensatz zur religiösen Abhängigkeit. »Die Hingabe des Willens an Gott impliziert, daß sie den Willen Gottes schon kennen. Sie geben sich nicht an etwas hin, das sie nicht kennen. Wenn sie die *Wirklichkeit* kennen, können sie sich ihr nicht hingeben. *Sie* hören auf zu existieren. Es gibt keine Hingabe an einen höheren Willen. Wenn sie sich einem höheren Willen hingeben, dann ist dieser höhere Wille eine Projektion von ihnen, denn das *Wirkliche* kann nicht durch das Bekannte erkannt werden. Es tritt erst dann ins Sein, wenn das Bekannte aufhört zu existieren.«[314] Die Radikalität des Taoisten (Das Tao, über das ich sprechen kann, ist nicht das

---

312) Ausgewählte Texte, S. 171
313) Jayakar, S. 374
314) Krishnamurti, Later Talks Vol. I, Bombay 1974, S. 128 f.

wahre Tao.) oder des mittelalterlichen christlichen Mystikers (Der Gott, den ich benennen kann, ist nicht der wahre Gott.) kommen hier in den Sinn; doch die Zahl kongenialer Menschen ähnlich tiefer Religiosität ist klein.

Für Krishnamurti war Freiheit ein absoluter Wert, eine einsame, unantastbare Größe. Wenn er überhaupt diesem zentralen Ideal seines Lebens eine zweite Konstante zuordnete – dann war es die Liebe. Liebe und Freiheit, wenn sie wahrhaftig waren in Krishnamurtis strengem Sinne, ergänzten einander, ja sie waren im eigentlichen Sinne untrennbar. »Und wo Freiheit ist, ist Energie, wo Freiheit ist, kann nichts mehr falsch getan werden. Freiheit ist etwas ganz anderes als Revolte. In der Freiheit gibt es kein rechtes oder unrechtes Tun mehr. Sie *sind* frei, und von diesem Zentrum aus handeln Sie; daher gibt es keine Furcht mehr, und ein Mensch, der keine Furcht hat, ist großer Liebe fähig. Und der wahrhaft Liebende kann tun, was er will.«[315] Er kann so handeln, weil er als wahrhaft Liebender *immer* im Einklang mit der göttlichen Weisheit handelt. Er kann, in und aus der Liebe lebend, seine Freiheit nicht mißbrauchen. Die Liebe bietet Gewähr für wahrhaftes Handeln. Der Liebende wird ein unbesiegbarer Kämpfer für die Freiheit sein; und der innerlich Befreite ein leuchtender Bote der Liebe.

Freiheit und Liebe – in ihnen ist Krishnamurtis ganzes Leben und jedes seiner Worte verankert. Freiheit und Liebe – in ihnen liegt der Schlüssel zum Verständnis des Geheimnisses von Jiddu Krishnamurti.

---

[315] Einbruch in die Freiheit, S. 18 – Vgl. auch Saanen 1968, S. 50

XV. Liebe

Liebe kennt kein gestern und kein morgen; sie ist immer neu …

Wenn die Freiheit das Tor zum Verständnis von Krishnamurti darstellt, so ist die Liebe das Wesen, die Essenz, die auf jene wartet, die das Tor durchschritten haben. Wenn es etwas in Krishnamurti gab, das selbst Kritikern abzwang, einen Bezug zu Christus einzuräumen, so war es die überströmende Liebe, die von ihm ausging, und die jeder wahrzunehmen vermochte, der sich für seine wahre Botschaft öffnete. Diese allumfassende Menschenliebe zeigte sich in zahllosen dokumentierten und nicht dokumentierten Beispielen. Angefangen von den Bettlern, die er als kleiner Junge überreich beschenkte, über den Einbrecher, dem er im Dunkel der Nacht folgte, um ihn vor der Polizei zu warnen, bis hin zu den vielen einfachen Menschen der staubigen Straßen Indiens und den zahllosen Suchenden, die fast ein dreiviertel Jahrhundert zu seinen Füßen saßen. Sie alle begegneten einem erleuchteten Wesen, das auf seine Weise eine göttliche Liebe offenbarte. Jenen, die Krishnamurti nur durch seine Bücher kennen, wird dieser zentrale Aspekt seines Wesens oft nicht bewußt. Sie kannten ihn selbst nicht, und sie kennen meist jene nicht, deren Herzen er berührte.

Ich habe meine eigene Berührung durch Krishnamurti am Anfang dieser Biographie angedeutet, und möchte hier auf zwei andere Menschen eingehen, die Krishnamurti in seinen frühen bzw. späten Jahren sehr gut kannten. Im Frühjahr des Jahres 1991 verbrachte ich einige inspirierende Tage in Brockwood Park, um meine Quellen für dieses Buch zu ergänzen. Im Verlauf dieser Tage ergaben sich viele persönliche Gespräche mit Schülern und Lehrern der Schule, unter anderem auch mit ihrem Leiter Scott Forbes, der Krishnamurti bis in seine letzten Stunden begleitet hatte. Es hat mich tief bewegt, aus den Worten und Erinnerungen von Scott Forbes gleichsam greifbar zu spüren, wie dieser Mensch bis in die tiefsten Fasern seines Herzens von der Liebe Krishnamurtis verwandelt worden war, und wie diese Verwandlung ihn noch immer prägte und von ihm ausstrahlte. Scott Forbes war und ist eines der lebendigen Beispiele für die Transformation in und durch Liebe, die Krishnamurti bewirkte.

Die zweite Episode berührt einen ganz anderen Aspekt. Er wurde mir aus einem Gespräch mit Dora Kunz über Krishnamurti bewußt. Neben vielen interessanten Einzelheiten und Geschehnissen aus der Frühzeit Krishnamurtis blieb mir eine Bemerkung von Dora Kunz besonders im Gedächtnis haften. Sie deutete an, daß der Krishnamurti der späten zwanziger Jahre einen Teil seiner geistigen Fähigkeiten deshalb unterdrückt bzw. ›abgeschaltet‹ habe, weil seine außerordentliche Sensibilität und sein unsagbares Mitgefühl zu einem Zusammenbruch zu führen drohte. Gerade das ungeheure Elend Indiens, das schon einen mitfühlenden Menschen mit normalen Sinnen Herzensqualen ausstehen läßt, setzte dem jungen Krishnamurti ungemein zu. Daher war für den hoch empfindlichen Krishnamurti sein erweitertes Wahrnehmungsvermögen, angesichts seines liebenden Herzens, eine schier unerträgliche Tortur. Die seelischen Schmerzen drohten sein Herz zu erdrücken, so daß er sich zum eigenen Schutz abschirmen mußte. Wer vermag schon zu erahnen, welchen Schmerz die großen Lehrer der Menschheit angesichts des Elends und der Verirrung ihrer Brüder und Schwestern empfinden. Wieviele »blutige Tränen« mögen sie angesichts von Haß und Grausamkeit auf Erden vergossen haben.

Man muß einmal Krishnamurtis Beschreibung seines Gelöbnisses vor den Meistern und dem »Herrn der Welt« lesen – unabhängig von der Frage nach der Bedeutung der Meister – um zu verstehen, was dieses Versprechen, »sein ganzes Leben Liebe sein zu lassen«[316], für Krishnamurti bedeutete. Er wollte mit all seiner Kraft dieser Liebe dienen, ein Botschafter der Liebe des unendlichen Geistes sein.

Gelegentlich deutete er diese Mission in seinen eigenen Worten an, z.B. bei Heilungen, meistens aber sprach er nicht öffentlich darüber. »Sie wissen ja, daß ich diese Heilkraft, oder was immer es ist, von Kind auf besaß. Ich wende sie kaum an. Doch dieses Mal drängte es mich zur Hilfe. Natürlich hat Liebe bei dieser Heilung die Hauptrolle gespielt. Sie verstehen, was ich meine, nicht wahr?«[317] Wenn er sich verstanden glaubte, wenn er annahm, von Herz zu Herz sprechen zu können, zog er den Vorhang vor seiner Persönlichkeit ein wenig zur Seite, um Licht in Fülle ausstrahlen zu lassen. Die Menschen schienen ihm oft nicht offen genug zu sein, um ihn wirklich zu verstehen. Einen Grund dafür sah er unter anderem im verlorengegangenen Bezug zur Natur. »Allein sein. Einen Baum lieben. Wir verlieren unser Gefühl für die Bäume, deshalb verlieren wir auch die Liebe zu den Menschen. Wenn wir die Natur nicht lieben können, können wir auch die Menschen nicht lieben.«[318] Wenn er gefragt wurde, wie man sich der Liebe öffnen könnte, verwies er oft auf eine Öffnung für die Natur als ersten Schritt. Auch sein Hinweis an die Lehrer seiner Schulen, es sei wichtiger für die Kinder, ein fallendes Blatt zu sehen und zu verstehen, als intellektuelle Theorien zu rezipieren, zielt in diese Richtung. Liebevolle Zuwendung zur Schöpfung öffnete den Weg nach innen; und diese Liebe war zugleich ein mächtiger Schutz, denn »wo Liebe ist, ist Schutz. Haß öffnet dem Bösen die Tür.«[319]

In der modernen Gesellschaft, mit ihrer auf Funktionalität und

---

[316] Balfour-Clarke, a.a.O., S.21 – Vgl. auch seine bewegenden Zeilen, wenige Tage nach dem Tod seines Bruders, über die »große Liebe, die dauerhaft, unvergänglich und unbesiegbar ist«, in Mary Lutyens (1981), S.260

[317] Vimala Thakar, a.a.O., S.61

[318] Jayakar, S.252

[319] ebd., S.139 – Vor dem Hintergrund dieser Aussage fällt es mir schwer, die Aussage von Radha Sloss anzunehmen, es habe seitens Krishnamurtis einen Haß auf ihren Vater gegeben. (Vgl. Sloss, S.313)

Gewalttätigkeit ausgerichteten Ordnung, sah er einen immensen Verlust an Liebesfähigkeit. So konnte seine Gesellschaftskritik harsch ausfallen. »Wenn Sie Ihre Kinder wirklich liebten, glauben Sie, daß Sie sie so erziehen würden, sie darauf drillen und sie zwingen, sich der etablierten Ordnung einer verrotteten Gesellschaft anzupassen? Wenn Sie Ihre Kinder wirklich liebten, würden Sie erlauben, daß man sie umbringt oder gräßlich verstümmelt in einem Krieg, gleichgültig, ob es Ihr Krieg oder der eines anderen ist? Wenn Sie dies alles betrachten, dann scheint es doch darauf hinzudeuten, daß gar keine Liebe darin ist.«[320] Seine Analyse der gesellschaftlichen Zustände führte ihn zu einer entschiedenen Abneigung allen Ideologien und »ismen« gegenüber. Wirkliche Veränderungen konnten nur von innen vollzogen werden, politische Veränderungen bewegten sich jedoch ausschließlich an der Oberfläche. Was Krishnamurti wollte, war eine »Revolution der Liebe«. »Nur wenn große Liebe vorhanden ist, können wir eine umfassende Sicht gewinnen und dadurch zu einer totalen Handlung kommen.«[321] Diese Liebe, von der Krishnamurti sprach, war die »Wahrheit, die uns freimachen wird«. Es war eine transzendente Liebe, die aus einem inneren Berührtsein von einer absoluten Wirklichkeit herrührte. Man darf diese Verankerung im göttlichen Sein niemals außer acht lassen, wenn man solche radikalen Sätze wie aus seinem »Notebook« liest, wo er unter dem Datum des 29. November 1961 einträgt: »Den Gedanken zu überschreiten ist Tugend, und diese Tugend bedeutet erhöhte Empfindsamkeit, die Liebe ist. Liebe, dann gibt es keine Sünde; liebe und tue, was du willst, und dann gibt es keinen Kummer.«[322]

Krishnamurti wurde gelegentlich gefragt, ob er nicht für den einen oder anderen Menschen mehr oder weniger Liebe empfinde.

---

[320] Gespräche über das Sein, S. 129
[321] In Kommunion mit dem Leben, S. 116
[322] Notebook, S. 206

Er verneinte dies stets unter Hinweis auf seine allumfassende Liebe, die keine persönliche Komponente mehr besaß. »Du fragst mich jetzt bezüglich einer persönlichen Liebe, und meine Antwort lautet, daß ich sie nicht mehr kenne. Persönliche Liebe existiert für mich nicht mehr. Liebe ist für mich ein dauerhafter innerer Zustand. ... Ich empfinde die gleiche Zuneigung für alles und jeden von euch.«[323)] Voller Poesie drückte Krishnamurti diese Form der Liebe in zwei kurzen Stellungnahmen in Ommen 1930 und Adyar 1931 aus, die uns von Emily Lutyens überliefert sind. »Reine Liebe gleicht dem Duft der Rose, die sich an alle verströmt. Die Sonne sorgt sich nicht darum, auf wen sie scheint. – Das Wesen wahrer Liebe, reiner Liebe, kennt solche Unterscheidungen wie die zwischen Ehefrau und Ehemann, Sohn, Vater und Mutter nicht.«[324)]

Krishnamurti betrachtete sein Privatleben als seine persönliche Angelegenheit, vor allem wenn es seine Beziehungen zu Frauen betraf. Er hätte aufgrund der Erfahrungen seines Lebens wissen müssen, daß diese Atmosphäre des Privaten kaum permanent zu bewahren sein würde. So kann es kaum verwundern, wenn nun auch dieser Aspekt seines Lebens ins Licht einer vielfach nur skandal-lüsternen Öffentlichkeit gezerrt wird. Ich bezweifele, daß Krishnamurti seine intimen Beziehungen nur verschwiegen hat, um ein *Image des reinen Heiligen* zu errichten, wie ihm Radha Sloss unterstellt. Seine große Schüchternheit und der Respekt vor der

---

323) Rom Landau, a.a.O., S.213 – Diese Aussage muß man angesichts der Entwicklung der späteren Jahre relativieren. Krishnamurtis Beziehung zu Rosalind Rajagopal, wahrscheinlich seiner ersten sexuellen Beziehung überhaupt, trägt doch in starkem Maße Züge einer *normalen* persönlichen Liebe. Was Rosalind möglicherweise nie verstand, zumindest läßt das Buch ihrer Tochter Radha darauf schließen, war die Tatsache, daß Krishnamurti, auch wenn er persönlich liebte, in seiner geistigen Realität in einer anderen Dimension lebte. Krishnamurti, auch wenn er von der Ebene der Persönlichkeit aus liebte, konnte durch diese Liebe nicht festgehalten werden. Seine Liebe grenzte auch nicht aus, was anhand seiner Gefühle für Rajagopal in den ersten Jahren seiner Beziehung mit dessen Frau Rosalind deutlich wird. Wer die Krishnamurti-Biographie von Radha Rajagopal Sloss aufmerksam liest, wird feststellen können, welche Schwierigkeiten die Tochter Rajagopals mit dieser Qualität Krishnamurtis hatte. Ihr Vorwurf einer Verlogenheit an Krishnamurti scheint mir eher auf ein Nichtverstehen von allumfassender Liebe hinzudeuten. (Vgl. Sloss, S.134, 262 u. 308)

324) Emily Lutyens, Candles, S.185f.

Privatsphäre der Menschen, die ihm besonders nahestanden, dürften hier eher eine Rolle gespielt haben. Krishnamurti charakterisierte Sexualität *als solche* nie als negativ oder als zu überwindende Vorstufe. Sie spielte *eine* Rolle im Leben des Menschen; aber sie sollte in der rechten Relation gesehen werden. Wie schwierig dies war, mußte er selber daran erkennen, daß seine Beziehungen immer nur von der Ebene aus erwidert wurden, auf der sein Gegenüber sich befand. Die Probleme, mit denen er in seinem Privatleben konfrontiert wurde, waren mannigfaltig, wenngleich sie in keiner Weise sein Leben so dominierten, wie es Radha Sloss in ihrer weitgehend ausschließlich auf dieses Thema konzentrierten Biographie glauben machen möchte. Krishnamurti durchlebte alle Aspekte des Menschseins, von der Ebene der persönlichen Liebe bis zu den Gipfeln der Berührung des absoluten Geistes. Dies mag als Zeichen der Ermutigung für jene stehen, die vor der gewaltigen Aufgabe der Nachfolge der großen Menschheitslehrer zurückschrecken, weil ihnen der Weg zu steil und zu schwer erscheint.

Die außerordentliche gesellschaftliche Problematik der Sexualität sah Krishnamurti in ihrer schon oft erwähnten Kälte und Lieblosigkeit. »Wenn Sie lieben, verletzbar sind, ist Sexualität kein Problem.«[325)] Doch gerade an diesen Qualitäten mangelte es. Sexualität degenerierte in Krishnamurtis Augen zum Reizventil, um fehlende Kreativität und mangelnde göttliche Intelligenz zu ersetzen – wozu sie ihrer Natur nach nicht imstande war. Sie vermochte diese Qualitäten zwar auszudrücken – wenn sie schon entwickelt waren – sie vermochte sie aber nicht zu ersetzen, wenn sie noch fehlten. 1976 sprach Krishnamurti mit einem jungen Akademiker, Rajesh Dal, der mit großen Problemen aufgrund seiner unterdrückten Sexualität zu kämpfen hatte. Mit großem Einfühlungsvermögen versuchte Krishnamurti ihm den mittleren Pfad, zwischen zielloser Lust und quälender Askese, aufzuzeigen. »Die Sexualität

325) Methorst-Kuiper, a. a. O., S. 61

ist wie eine zarte Blume, eine intensive Flamme, empfindlich und kostbar. Sie muß genährt und gepflegt werden. Wenn sie nicht wie von der Natur vorgesehen gelebt wird, muß man besonders bewußt damit umgehen. Die Sexualität frei auszuleben heißt, seine Energien zu zerstreuen, sie brutal zu unterdrücken bedeutet, etwas Zartes und sehr Schönes zu zerstören. Betrachte deine sexuelle Energie also mit Wohlwollen und Wärme, laß sie sich selbst entdecken und entfalten, lehne sie nicht ab, aber mache dich auch nicht zu ihrem Sklaven.«[326] Die intime Beziehung zwischen zwei Menschen, die im Idealfall die Verbindung zweier Seelen bedeutete, konnte eine Öffnung zur göttlichen Liebe hin bewirken, von der er seine Mitmenschen noch weit entfernt sah. In einem Brief an Padmabai, eine indische Weggefährtin, schrieb er voller Gefühlstiefe: »Du hast keine Vorstellung von der Freude wahrer, überpersönlicher Liebe.«[327] Immer wieder sah Krishnamurti sich mit der Ohnmacht konfrontiert, sein Verständnis von Liebe nicht vermitteln zu können. Ein Grund mag darin liegen, daß für ihn »Liebe außerhalb des Gehirns lag«.[328] Damit entzog sie sich intellektueller Vermittlung. Sie war auch nicht durch Riten, Methoden oder Disziplinen zu erlangen. »Der Mönch, der Priester, der Sannyasin quälen ihre Körper und ihren Charakter in ihrer Sehnsucht danach, aber es weicht ihnen aus; denn man kann es nicht kaufen, weder Opfer noch Tugend noch Gebet können diese Liebe herbeibringen.«[329] Das Ich, die Person, der begrenzte kleine Mensch mußte erst lernen, zur Seite zu treten und Gott wirken zu lassen. »So ist Gott da, wenn *Sie* nicht sind. Wenn Sie sind, ist er nicht. Wenn Sie nicht sind, ist Liebe. Wenn Sie sind, ist keine Liebe.«[330] Dieses Nicht-Sein schien nur

---

[326] Jayakar, S.301
[327] ebd. S.93
[328] John White, Erleuchtung, S.155 – Vgl. auch Ausgewählte Texte: »Wie Sie sehen, hat Liebe mit Denken nichts gemein. Liebe ist da, wo kein Denker ist. Der Denker ist nichts anderes als der Gedanke, Gedanke und Denker sind eins, der Denker *ist* der Gedanke.« (S.71)
[329] Mary Lutyens (1991), S.148
[330] Krishnamurti, frei sein, Bern o.J., S.18

schwer erklärbar zu sein. Es entzog sich so ganz dem vertrauten Rahmen. In einer seiner schönsten Abhandlungen über die Liebe, veröffentlicht in »Einbruch in die Freiheit«, versucht Krishnamurti mit großer Intensität das Mysterium der Liebe in der Alltagswelt offenbar werden zu lassen. »Wissen Sie nicht, was es wirklich bedeutet, jemanden zu lieben – ohne Haß zu lieben, ohne Eifersucht, ohne Ärger, ohne den Wunsch, sich in das, was der andere tut oder denkt, einzumischen, ohne zu urteilen, ohne zu vergleichen –, wissen Sie nicht, was das bedeutet? Stellt man Vergleiche an, wenn man liebt? Wenn Sie jemanden von ganzem Herzen lieben, mit allen Kräften des Geistes und des Körpers, mit Ihrem ganzen Wesen – gibt es da noch ein Vergleichen? Wenn Sie sich dieser Liebe völlig hingeben, gibt es nichts anderes.

Kennt Liebe das Gefühl der Verantwortung und der Pflicht, und wird sie diese Worte gebrauchen? Wenn Sie etwas aus Pflicht tun, liegt darin noch Liebe? In der Pflicht gibt es keine Liebe. Der Begriff der Pflicht, der den Menschen gefangenhält, zerstört ihn. Solange Sie gezwungen sind, etwas zu tun, weil es Ihre Pflicht ist, lieben Sie das nicht, was Sie tun. Wo Liebe ist, gibt es kein Gefühl der Pflicht und der Verantwortung.«[331)]

Krishnamurti wurde oft gefragt, warum er sich über Jahrzehnte hinweg der Mühen seiner Reisen und Vorträge unterzog, wenn sich die Menschen doch anscheinend nicht änderten, wenn die Gesellschaft in Lieblosigkeit zu erstarren schien und seine Worte ungehört verhallten. Eine seiner Antworten, wenige Jahre vor seinem Tod gegeben, enthüllt ein wenig die Schönheit seiner großen Seele, die Schönheit einer unendlichen Liebe. »Ich glaube, wenn man etwas Wahres und Schönes sieht, will man das den Menschen mitteilen – aus Zuneigung, aus Barmherzigkeit, aus Liebe. Und wenn da jene sind, die nicht daran interessiert sind, ist das in Ordnung. Kön-

---

331) Einbruch in die Freiheit, S. 73 – »Wenn du liebst, forderst du nicht. Wenn du feststellst, daß der andere dich nicht liebt, dann hilfst du ihm zu lieben, obwohl er jemand anderes ist.« (Jayakar, S. 24)

nen Sie die Blume fragen, warum sie wächst, warum sie duftet. Aus demselben Grund redet der Sprecher.«[332]

Krishnamurti vermochte es nicht, das Mysterium der Liebe in Worten auszudrücken. Er vermochte nur jene zu berühren, die sich der Berührung öffneten, wie die noch vom Morgentau bedeckte Lotosblüte den ersten Strahlen der Sonne. Mehr stand nicht in seiner Macht. Deshalb möchte ich gar nicht erst den Versuch unternehmen, dort fortzufahren, wo Krishnamurtis Möglichkeiten nicht ausreichten. Was dem Biographen hier vielleicht möglich ist, ist einen literarischen Blütenteppich zu knüpfen, der es dem Leser ermöglicht, in meditativer Stille sich dem Geheimnis zu nähern. So sollen einige der tiefsten Worte Krishnamurtis über die Liebe dieses Kapitel beschließen, um ein neues Kapitel in den Herzen zu beginnen.

Mitgefühl bedeutet Gefühl für alles. *Liebe leidet nicht.*[333]

Zu lieben, ist das Höchste von allem, denn in der Liebe müssen wir uns selbst völlig vergessen.[334]

Das Ziel menschlichen Fühlens ist die Liebe, die in sich selbst vollständig ist, völlig gelassen, weder Subjekt noch Objekt kennend. Eine Liebe, die sich in gleichem Maße an alle verschenkt, ohne etwas als Gegengabe zu erwarten. Eine Liebe, die ihre eigene Ewigkeit ist.[335]

Liebe ist also etwas, das man nicht einladen oder kultivieren kann. Sie entsteht natürlich, leicht, wenn diese anderen Dinge nicht vorhanden sind. Und während man etwas über sich selbst lernt, kommt

---

[332] Mary Lutyens 1991, S. 210
[333] Jayakar, S.296
[334] ebd., S.246
[335] Landau, S.74

man darauf: Wo Liebe ist, ist Mit-Gefühl; und Mit-Gefühl hat seine eigene Intelligenz. Das ist die höchste Form von Intelligenz, nicht die Intelligenz des Denkens, die Intelligenz von listigen Täuschungen und all dem. Nur wenn vollkommene Liebe und Mitgefühl herrschen, dann gibt es jene vorzügliche Intelligenz, die nichts Mechanisches hat.[336)]

Zu lieben heißt, sich der Ewigkeit bewußt zu werden.[337)]

---

336) Krishnamurti, Die Vorträge in Washington, Grafing 1990, S. 61
337) Jayakar, S. 246

XVI. Mystik

Krishnamurti werden gerne die Titel Philosoph oder Weisheitslehrer verliehen, bisweilen wird er sogar als Agnostiker oder gar Atheist bezeichnet – doch von seinem Wesen her war Krishnamurti Mystiker. Sein Thema war die Einheit des Seins, das Eins-Sein in Freiheit und Liebe; und diese Einheit ›erstreckte‹ sich wahrhaft vom Felsen der Gebirge bis zum Licht der unendlichen Gottheit. Für Krishnamurti war alles Sein erfüllt von der verborgenen Heiligkeit des Göttlichen, deren Vollkommenheit zu offenbaren sein Lebensziel bildete. Sein sich zutiefst nach Harmonie und Schönheit sehnendes Wesen verletzte die Disharmonie der Welt im innersten Herzen. So versuchte er zu heilen, wo immer es ihm möglich schien. Häufig den Körper, zumeist aber den Geist.

Mit unbestechlichem Blick sah Krishnamurti die Schwächen der Menschen, aber auch ihr unerwecktes göttliches Selbst. Dabei wird sich im nachfolgenden Kapitel zeigen, wie weit seine mystischen Erfahrungen und seine spirituellen Fähigkeiten den Alltagsmenschen überragten. Krishnamurti war gerade nicht – oder besser nicht mehr – ein Mensch wie jeder andere; wozu ihn manche ›Anhänger‹ gerne gemacht hätten, wie die »Notebook-Affäre« demonstriert hatte. Er war schon länger auf dem »Weg ins pfadlose Land« gewandert; und er war dem Ziel nähergekommen, von seinem Licht berührt worden. Wenn Krishnamurti vom »Zentrum der Schöpfung« oder von »dem, was ist« sprach, kündete er vom anderen Ufer des Lebens, als mystischer Fährmann über den Strom, der Zeit und Ewigkeit trennt.

Heilung

Krishnamurti wollte kein Heiler sein – und war doch einer. Er äußerte öffentlich: »Ich befasse mich mit dem Heilen von Herz und Geist – nicht dem des Körpers.«[338] Privat aber legte er immer wieder kranken Freunden – aber auch Fremden – seine Hände auf, um eine Heilkraft auf sie auszustrahlen, die er selbst anscheinend nicht zu erklären vermochte. »Ich weiß nicht, was für eine Kraft es ist. Ich weiß nicht, wie sie wirkt.«[339] Krishnamurti verfügte über seine Heilungsgabe bereits seit Kindheitstagen. Seine Mutter hatte ihn darauf aufmerksam gemacht, daß er »heilende Hände« besaß. Susunaga Weeraperuma berichtet über Gespräche mit Krishnamurti, aus denen hervorging, daß Krishnamurti diese Kräfte häufig anwandte, aber nicht immer helfen konnte. Es gab offensichtlich Fälle, in denen er nicht heilend einzugreifen vermochte oder (aus karmischen Gründen?) nicht eingreifen durfte.

Es läßt sich überhaupt nicht abschätzen, in wievielen Fällen Krishnamurti seine Heilkraft segensreich anwenden konnte. Die in der Literatur dokumentierten Fälle gründen sich ausschließlich auf Begebenheiten im Umfeld der Autoren, doch welches minimale Segment von Krishnamurtis umfassendem Wirkungskreis decken diese Berichte ab? Fast jeder Verfasser eines Buches über Krishnamurti weiß von außergewöhnlichen Heilungen zu berichten. Mary Lutyens von Radha Burniers Nichte, die zu erblinden drohte, ebenso wie ihr Bruder, und denen beiden Krishnamurti ihr Augenlicht zu erhalten vermochte.[340] Weeraperuma überliefert einen Fall von geheilter Taubheit bei einer Frau[341] Rodney Field beschreibt eine ihn bewegende Heilbehandlung seiner erkrankten Augen.[342]

---

[338] Mary Lutyens (1991), S.110 Ich glaube nicht, daß Mary Lutyens Annahme, Krishnamurti habe »nur sehr selten« seine Heilungsgabe eingesetzt, zutreffend ist. Vgl. M.Lutyens (1988), S.71

[339] V. Thakar, a.a.O., S.45 (Vgl. auch ebd. S.53)

[340] Vgl. Mary Lutyens (1988), S.125

[341] Vgl. Weeraperuma, K. as I knew him, a.a.O., S.84f.

[342] Vgl. R. Field, a.a.O., S.122

Pupul Jayakar überliefert, daß Nandini Mehta in Bombay heimlich erkrankte Kinder zu Krishnamurti brachte. Unter ihnen ein älterer Junge, dem die Ärzte bescheinigt hatten, er würde aufgrund eines eingeklemmten Sehnerves niemals normal sehen können. Krishnamurti legte ihm die Hände auf, und im Verlauf der folgenden Jahre besserte sich die Sehfähigkeit in solchem Maße, daß der Junge studieren und den Doktorhut der Universität von Berkeley erwerben konnte.[343)] Alle diese Berichte dokumentieren Heilungen, schildern aber nicht die eigentliche Heilbehandlung aus Sicht der Betroffenen. Im Falle von Vimala Thakar liegt uns glücklicherweise ein Bericht vor, der diese Lücke schließt. Vimala Thakar schildert ihre Behandlung wie folgt: »Er wusch seine Hände. Freundlich kam er auf mich zu und stellte sich hinter meinen Stuhl. Er legte seine rechte Hand auf meinen Kopf und seine linke auf mein linkes Ohr. Ich achtete auf alles. Ich spürte, wie ein sehr starker und kraftvoller Energiefluß meinen Kopf durchzog und durch den ganzen Körper strömte. Der Körper wurde wunderbar entspannt. Meine Augen schlossen sich von selbst. Krishnaji nahm seine Hände fort. Ich versuchte, meine Augen zu öffnen. Es gelang mir nicht, sie genau auf einen Gegenstand zu richten. Es war wie die Rückkehr aus einem Land des Lichtes und des Friedens.«[344)]

Manchmal dauerte eine ›Behandlung‹ nur ein oder zwei Minuten, wie im Fall von Rohit Mehta, dessen Wirbelsäule Krishnamurti kurz berührte, doch diese wenigen Minuten konnten ausreichen, um eine Querschnittslähmung zu beheben. Nach Krishnamurtis ›Behandlung‹ vermochte Mehta schon nach einer Woche zu sitzen, und binnen zweier Monate lief er wieder umher, zum fassungslosen Erstaunen seiner Ärzte.[345)]

Krishnamurti, der seine eigene Heilungsgabe eher zurückwies, konnte paradoxerweise anderen Menschen vehement zureden,

---

343) Vgl. Jayakar, S. 160
344) V. Thakar, S. 46 f.
345) Vgl. Rohit Mehta, The Intuitive Philosophy, Bombay 1988[3] (Vorwort)

ähnliche Begabungen anzunehmen und zum Segen der Menschheit anzuwenden. Ein Beispiel hierfür ist Nandini Mehta, die er eindringlich ermahnte: »Kannst du dich daran erinnern, wie sie das Baby zu mir brachten? Der Arzt hatte gesagt, sein Gehirn sei nicht richtig entwickelt. Es konnte nicht sehen, nicht lachen, konnte niemanden erkennen, und ich habe es berührt. Irgendeine Energie wirkte sehr stark in mir. Ich spürte das Brennen in meiner Hand, und das Baby begann zu lächeln, es konnte auf einmal andere Menschen erkennen. Du kannst das gleiche tun. Du mußt es nur zulassen. Die Energie, die durch mich wirkt, kann genauso durch dich wirken, du mußt sie nur annehmen. Es hilft dir nicht weiter, wenn ich zu dir sage, du weißt nicht, wie du es anstellen sollst. Ich sage dir, nimm es an.«[346] Für Krishnamurti war das Heilungsgeschehen eine heilige Handlung, ein Akt mystischer Hingabe an eine höhere Macht. Die Frage, ob er wirklich nicht wußte, was während der Heilbehandlung geschah, oder nur nicht darüber sprechen wollte, wird sich vielleicht nie beantworten lassen. Unbestritten ist jedoch, daß auch Krishnamurti ein Beispiel für die wunderbare göttliche Heilkraft ist, die überall dort wirkt, wo sie Liebe vorfindet.

Reinkarnation

Wenn sie wirklich an Reinkarnation glaubten,
würden ihre Handlungen, ihre Denkungsart, ihre Gefühllosigkeit
und Gleichgültigkeit anderen gegenüber verschwinden, denn
im nächsten Leben werden sie dafür bezahlen, werden sie leiden.

Im ersten Teil dieses Buches bin ich bereits kurz auf Krishnamurtis Einstellung zum Reinkarnations-Gedanken eingegangen, habe auf

[346] Jayakar, S. 172

seine eher ablehnenden Aussagen Bezug genommen, vor allem im Zusammenhang mit dem Evolutionsgedanken. Hier soll seinen kritischen Gedanken ausführlicher Raum gegeben werden sowie seine frühere positive Einstellung mit späteren Stellungnahmen verglichen werden.

Im Jahre 1928 definierte Krishnamurti Reinkarnation »als eine Serie von Gelegenheiten, um das reine Sein zu verwirklichen«.[347] Dabei legte er großes Gewicht darauf, die lebendige Wirklichkeit der Reinkarnation zu erfahren und sie nicht nur als Theorie zu betrachten. »Für mich ist sie eine Tatsache, denn ich habe ihre Wirklichkeit erkannt.«[348] Im gleichen Vortrag des Ommen Camps von 1930 legte er zugleich eine bemerkenswerte Definition von Karma vor. »Karma bedeutet für mich die Errichtung einer Barriere zwischen dem eigenen Wesen und der unendlichen Wachstumsmöglichkeit. Es ist ein unbewußtes Lebensprinzip, nicht die private Verletzung irgendeines Gottes. Bitte verstehen sie das. Ihr Karma ist, was sie aus ihm machen. Es entzieht sich jeder Kontrolle, außer ihrer eigenen. Ihre Handlungen besitzen nur Gewicht für die Zerstörung der Barrieren oder ihre Errichtung. Sie sind daher allein verantwortlich. Das Prinzip an sich ist mechanisch und unbewußt. Es hat nichts zu tun mit einer privaten göttlichen Rache.«[349] Krishnamurti hat sich nie eindeutig gegen die Wahrhaftigkeit der Reinkarnations- und Karma-Lehre ausgesprochen, wenngleich gelegentliche Aussagen darauf hinzudeuten scheinen (vgl. Zitate 222 und 223). Man muß seine kritischen Worte genau analysieren, um sie nicht falsch zu interpretieren. So etwa die Aussagen anläßlich eines Vortrages im Claremont College in Kalifornien. »Ganz Asien ist bekanntlich so konditioniert, daß es die Theorie der Wiedergeburt akzeptiert. Die Menschen diskutieren und schreiben viel darüber,

---

347) EW, III, S.6 Vgl. auch K' s Gedichte in Coll. Writings I, S.22f. u. 51

348) EW, IV, S.69 Vgl. auch Methorst-Kuiper über Krishnamurtis Einstellung zu den »Leben Alcyones«, die sie als in der Tendenz bejahend im Detail aber ablehnend charakterisiert.

349) EW, IV, S.75 Vgl. in diesem Zusammenhang auch EW, V, S.141; das Interview von Gladys Baker im Birmingham Herald und The Awakening of Intelligence, S.413

und sie investieren ihr ganzes Leben in die Hoffnung und Erfüllung ihres *nächsten* Lebens, aber sie übersehen einen wichtigen Punkt. Wenn man wiedergeboren wird, ist es doch sicher von großer Bedeutung, in diesem Leben richtig zu leben. Es macht daher sehr viel aus, was man *jetzt* tut, was man denkt, wie man sich verhält, wie man spricht und wie das Denken abläuft, denn das nächste Leben wird von den Taten in diesem Leben bestimmt. Möglicherweise muß man etwas sühnen. Die Menschen scheinen das jedoch alles zu vergessen und reden statt dessen davon, wie schön und wie gerecht die Wiedergeburt sei und solchen trivialen Unsinn.«[350] Krishnamurti bezeichnet hier nicht den Reinkarnations-Gedanken als Unsinn, sondern die Perversion seiner Essenz. Es kommt darauf an, im Hier und Jetzt bewußt und richtig zu handeln, wissend um zukünftige Auswirkungen, und nicht darauf zu vertrauen, daß ›im nächsten Leben alles besser wird‹. Diese Kritik steht auch im Zusammenhang mit der Radikalität des wahren Mystikers, der es ablehnt, mit Gott zu verhandeln oder gar zu feilschen. Nicht um der guten Wiedergeburt willen hat man recht zu handeln, sondern die gute Tat ist ein Gebot der wahren Einsicht. »Es gibt kein »ich werde im nächsten Leben wiedergeboren«. Das ist eine Idee, die sie anzieht. Sie schenkt ihnen Trost; aber wenn sie an Reinkarnation glauben, dann müssen sie jetzt recht handeln, denn im nächsten Leben werden sie bezahlen oder belohnt werden. Das ist eine sehr tröstliche Idee, aber sie ist bedeutungslos; denn wenn sie jetzt recht handeln, hat diese Rechtschaffenheit keine Belohnung. Rechtschaffenheit ist Rechtschaffenheit und nicht das, was sie daraus machen. Das ist Aufrechnerei, eine mechanistische Angewohnheit.«[351] Dieses Zitat aus einem seiner letzten Vorträge zeigt nicht einen ›neuen‹ Krishnamurti, der gewissermaßen alte Ideen abgelegt hat, sondern es beweist die Kontinuität einer klaren Einsicht, die schon 1931 von

---

[350] Gespräche über das Sein, S. 132
[351] The Future is Now S. 87 f.

Krishnamurti ausgesprochen wurde. »Für mich ist Reinkarnation eine Tatsache und nicht ein Glauben; aber ich möchte nicht, daß sie an Reinkarnation glauben. Lehnen sie den Gedanken vielmehr ab, streichen sie ihn aus ihrem Denken und denken sie bloß noch daran, daß sie das Produkt der Vergangenheit sind und so die Zukunft kontrollieren können. Sie sind ihr eigener Herr und in ihren Händen liegt die Ewigkeit.«[352)]

Die Konflikte mit der Theosophischen Gesellschaft hatten Krishnamurti in dramatischer Weise vor Augen geführt, wie ein falsch verstandenes esoterisches Wissen jegliches geistiges Wachstum verhindern konnten. Hier liegt vielleicht auch ein Schlüssel für manche widersprüchliche Aussage, vor allem im Zusammenhang der Frage nach einer sich reinkarnierenden Individualität. Einsicht in die Wahrheit der Reinkarnation mußte zu konzentrierter, wahrer Handlung im Jetzt führen und nicht zu beruhigtem »was heute nicht wird, wird morgen«. Das »Morgen« kann nur das Ergebnis des »Heute« sein. Die Verwandlung muß im »Jetzt« stattfinden, im »ewigen Nu«, wie es Meister Eckhart formulierte.

Höhere Welten

Krishnamurti verfügte neben seiner Heilungsgabe auch schon als Kind über eine außergewöhnliche Hellsichtigkeit. »Als Junge konnte ich Devas, Engel und anderes sehen.«[353)] Diese Fähigkeit blieb ihm offensichtlich sein Leben lang erhalten, wenngleich sie wohl nach der Pubertät und in den frühen zwanziger Jahren für eine gewisse Zeit weitgehend verschwunden war. In einem Brief an Charles W. Leadbeater nennt Krishnamurti den 10. August 1922 als Zeitpunkt für seine neu erwachte Hellsichtigkeit. »Seit diesem

---

352) EW, V, S. 110
353) EW, IV, S. 71 Vgl. auch Mary Lutyens 1991, S. 38

Zeitpunkt bin ich viel empfindungsfähiger geworden und dazu geringfügig hellsichtig, da ich Sie und die Präsidentin in jener Nacht sah, als ich im Mondschein saß. So etwas ist mir seit mehr als sieben Jahren nicht geschehen.«[354] Es erscheint mir zweifelhaft, ob die Behauptung Mary Lutyens zutreffend ist, wonach Krishnamurti bereits in den späten zwanziger Jahren begonnen habe, diese höhere Wahrnehmungsfähigkeit zu unterdrücken.[355] Sicherlich setzte er sie nicht aus Neugierde ein, aber dieses Hinweises hätte es angesichts des Charakters von Krishnamurti ohnehin nicht bedurft. Er verfügte vielmehr weiterhin nachweislich über eine bemerkenswerte Hellsichtigkeit, wie unter anderem aus einer Begebenheit belegt wird, die Rodney Field überliefert. Er ging in den frühen siebziger Jahren mit Krishnamurti am Strand von Malibu spazieren und erwähnte beiläufig: »Ich nehme an, wenn jemand diesen Strand hellsichtig schauen könnte, würde er nicht so leer ausschauen. Es gibt Leute, die sehen Naturgeister ...

Er unterbrach mich: »Der ganze Ort ist voll von ihnen; aber ich achte nicht sonderlich darauf.«

»Siehst du sie jederzeit, wenn du hier herauskommst?«

»Nur wenn ich es möchte.«

Da wir dieses Thema nun ohnehin angesprochen hatten, ergriff ich die Gelegenheit, ihn über *unsichtbare Helfer* zu befragen. »Glaubst du, daß solche Wesen existieren?«

»Warum nicht?« erwiderte Krishnamurti. »Jede mitfühlende Person in dieser Welt würde einem anderen in Not geratenen Menschen helfen. Warum nicht auch auf der anderen Seite? Was ist daran so besonders?«[356] Hinweise über ähnliche Erfahrungen mit Krishnamurtis Hellsichtigkeit tauchen mehrfach auf. So ermunterte Krishnamurti im persönlichen Gespräche eine schwedische Heilerin, mit ihrer Arbeit fortzufahren, zumal ihr »zwei Engel zur

[354] Mary Lutyens 1981, S. 190
[355] Vgl. ebd., S. 330
[356] Field, S. 125 f.

Seite stehen würden«. Eine Geschichte, die mir selbst in Saanen erzählt wurde. Krishnamurti pflegte von sich aus im kleinen Kreis diese Thematik anzusprechen, häufig in einer scherzhaften Anekdote verborgen, von denen Pupul Jayakar eine dokumentierte. »Die Atmosphäre im Raum war vibrierend und lebendig. Einmal sagte er: »Sie stellten mir zwei Engel zur Seite –, ich fand noch viele weitere im Laufe der Jahre.« Er lachte sein volles Lachen und sagte: »Ich bin völlig ernst.« Er hatte seit Jahren nicht mehr so gelacht. »Jetzt habe ich das Gefühl, daß ich einige von ihnen nicht mehr brauche.« Er wandte sich Radha zu und sagte: »Kann ich dir zwei abgeben?« Wieder lachte er voller Freude, und doch war da auch eine Ernsthaftigkeit spürbar, mit der er uns etwas mitteilte.«[357)]

Auch mit Wesen der Schattenseite setzte er sich auseinander, im privaten wie im öffentlichen Leben. In einem kleinen Tempel in Tetu ereignete sich eine dieser Begebenheiten, die Mary Lutyens überliefert. »Auf dem Rückweg erzählte Krishnamurti Mary, er fühle, daß ihm »etwas folge«. Er »tat etwas« und sagte zu diesem Etwas: »Jetzt ist es genug.« Danach hatte »es« sofort innegehalten. Einige Tage später, als sie wieder nach Tetu spazierten, erzählte Krishnamurti, er »habe am Tempel etwas gemacht, und ›ihm‹ befohlen, an seinem Platz zu bleiben«.[358)]

In speziellen Fällen scheint Krishnamurti sich auch um den Übergang von Verstorbenen in die geistige Welt gekümmert zu haben. In besonderem Maße scheint dies beim Tod von Indira Gandhi der Fall gewesen zu sein. In den Stunden nach der Ermordung der indischen Premierministerin saß er lange in Meditation versunken und war kaum ansprechbar. »Um vier Uhr nachmittags hatte er Indiras Gegenwart gespürt und gesagt, es sei wichtig, daß der Mind still sei, damit sie Frieden finden könne. Ich sah, daß er tief bewegt war.

[357)] Jayakar, S. 358 Vgl. auch M. Lutyens 1984, S. 219
[358)] Mary Lutyens 1988, S. 92

Am nächsten Abend sagte er zu mir: »Halte keine Erinnerungen an Indira fest. Das bindet sie an die Erde. Laß sie gehen.« Er machte eine Geste, als lasse er einen Vogel fliegen.«[359] Ein Geschehen, daß an den Tod Nityas erinnert, den er auch kurz nach seinem Übertritt in die geistige Welt hellsichtig wahrgenommen hatte.

Auch im Zusammenhang mit seiner Heilungsgabe spielte Krishnamurtis Hellsichtigkeit eine wichtige Rolle. Susunaga Weeraperuma schildert die bemerkenswerte Heilung eines an Tuberkulose erkrankten Engländers, dessen Krankheit Krishnamurti unmittelbar bei ihrer Begegnung erkannt hatte. Der von Weeraperuma überlieferte Bericht gibt zudem eine weitere beeindruckende Schilderung einer von Krishnamurti durchgeführten Heilbehandlung. »Eines Nachmittags besuchte ich (der erkrankte Engländer, der Verf.) Krishnamurti, ohne zuvor einen Termin mit ihm vereinbart zu haben. Es ging mir darum, von ihm einen Rat zu erhalten, ob ich einer Operation zustimmen sollte oder nicht. Er kam gerade aus dem Tor. Er sagte: » Bitte entschuldigen sie, aber ich hatte einen sehr anstrengenden Tag und bin zu müde, mich mit ihnen zusammenzusetzen. Ich will gerade einen kurzen Spaziergang machen. Wenn sie möchten, können sie mich begleiten.« Ich nahm die Einladung an. So spazierten wir lange durch die Wiesen und Felder, sprachen kaum ein Wort. Als wir auf einem Stück freien Land standen, sagte Krishnamurti: »Vom ersten Moment an, als ich sie sah, erkannte ich ihre Krankheit. Auch mein Bruder litt an ihr.« Er bat mich dann, keine Furcht zu haben. »Ängstigen sie sich nicht.« Das nächste, was dann geschah, war ein schnelles Abstreichen meiner Wirbelsäule durch Krishnamurtis Finger. Er bearbeitete die Wirbel mit seinen Händen. Ich spürte ein Aufwallen von Hitze, die sich aufwärts bewegte, auf meinen Kopf hin. In meinem ganzen Oberkörper verspürte ich ein starkes Brennen. Damit einher ging eine bleierne Schwere, und ich befürchtete, ohnmächtig zu werden. Er

---

[359] Jayakar, S. 346

stützte mich und half mir, mit ihm zurück zu seinem Haus zu gehen. Einige Wochen später war ich viel kräftiger, und meine Gesundheit hatte sich erheblich gebessert. Es wurden neue Untersuchungen durchgeführt, und die Ärzte konnten feststellen, daß die befallene Lunge geheilt war. Es gab keinen Grund mehr für eine Operation.«[360] Es erscheint mir mehr als wahrscheinlich, daß Krishnamurti seine Hellsichtigkeit nicht nur für die Diagnose, sondern auch für die Behandlung eingesetzt hat. Aufgrund dieser präzisen Wahrnehmung konnte er die Heilkraft ganz gezielt fließen lassen.

Wie in vielen anderen Bereichen, zielt Krishnamurtis Kritik an der Hellsichtigkeit nicht auf das Phänomen als solches, sondern auf seine Pervertierung. So wie die Meister, die Meditation, die Geistheilung oder die Anbetung des Heiligen verzerrt wurden, so bot auch die Hellsichtigkeit Grundlage für manche geistige Entgleisung. »Bleibe immer skeptisch Personen gegenüber, die behaupten, hellsichtig zu sein. Es ist nicht so, daß es keine Hellsichtigkeit gibt. Sie gibt es selbstverständlich. Aber stärkt es nicht die Eitelkeit, wenn man von sich glaubt, über Fähigkeiten zu verfügen, die andere nicht haben?«[361] In seiner Warnung lehnt sich Krishnamurti ganz an die alte indische Tradition an, nach der das Auftreten von geistigen Kräften als Gefahr und als zu überwindende Stufe auf dem Pfad galt. Wer z.B. Hellsichtigkeit nicht als gewissermaßen natürliche Wirklichkeit annahm, wie die Funktion der ›normalen‹ Sinne, lief Gefahr, das eigentliche Ziel des geistigen Weges aus den Augen zu verlieren. »Du magst hellsichtig oder hellhörig sein, aber wenn in dir nicht der Geist allumfassender Gedankenkraft und Liebe lebt, in vollendeter Ausgewogenheit, worin liegt dann der Wert der Fähigkeit, etwas Unsichtbares zu sehen? Es ist für deine eigentliche Bestimmung unwichtig.«[362] Erneut wird Krishnamurtis

---

360) Weeraperuma, K. as I knew him, S.80
361) ebd., S. 153 Im Gespräch mit Weeraperuma geht Krishnamurti sogar noch weiter, indem er behauptet: »Die Zukunft kann vorhergesagt werden.« (S.154)
362) EW,IV, S.154

Radikalität deutlich. Keine geistige Gabe oder Kraft besaß Bedeutung ›an sich‹. Nur wenn sie als Instrument göttlicher Liebe diente und näher zum absoluten Geist führte, akzeptierte Krishnamurti ihre Wertigkeit.

Transformation

Mystische Erlebnisse bestimmten Krishnamurtis ganzes Leben und sind von seiner ›Lehre‹ nicht zu trennen. Es ist eine einschneidende und entstellende Verkürzung, wenn man die Wirklichkeit Krishnamurtis auf die sachliche Botschaft seiner Vorträge reduziert. Die Bewußtseinstransformationen, die klare Erfahrung höherer Welten, charakterisieren in entscheidendem Maße die spirituelle Dimension Krishnamurtis. Er wurde schon früh mit außerkörperlichen Erfahrungen konfrontiert, die aufgrund seiner persönlichen Aufzeichnungen gut dokumentiert sind. In einem seiner Briefe aus dem Jahr 1922 schreibt er. »Dann konnte ich die Schwingungen des Herrn Buddha spüren; ich erblickte Herrn Maitreya und Meister K.H. Ich war so glücklich, ruhig und voller Frieden. Meinen Leib konnte ich noch sehen, und ich schwebte dicht über ihm. Es war eine solche tiefe Ruhe in der Luft und in mir selbst, die Ruhe auf dem Grund eines unauslotbar tiefen Sees. Und wie bei einem See fühlte ich, daß mein physischer Leib mit seinem Geist und Gefühlen zwar an der Oberfläche aufgerührt werden konnte, aber nichts, gar nichts, die Ruhe meiner Seele stören könnte.«[363] Im »Königreich Glück«, das Gespräche aus dem Ommen Lager von 1926 enthält, geht er auf seine Selbstversuche im indischen Ootacamund ein. »Ich erinnere mich, wie ich in Ooty, im Indischen Nilgiris, Versuche mit mir selbst anstellte, indem ich zu entdecken trachtete, wie ich mich loslösen und den Körper als das betrachten könnte, was er ist.

[363] Mary Lutyens 1981, S. 188

Sehr erfolgreich waren diese Versuche zunächst einmal nicht. Ich hatte zwei oder drei Tage damit herumprobiert – es kann auch eine Woche gewesen sein – und dann fand ich, daß ich für eine gewisse Spanne Zeit mit Leichtigkeit aus dem Körper hinaustreten und denselben betrachten konnte. Ich befand mich neben meinem Bett, auf dem der Körper lag, und ich schaute ihn an. Es war ein ungewöhnliches Empfinden.

Von jenem Tage an war der Begriff des Losgelöstseins von mir selbst und der Begriff der Scheidung zwischen dem Regierenden und dem Regierten mir so deutlich und lebendig geworden, so daß der Leib, obwohl er sein Begehren, seine Wünsche hat, hinauszuwandern und allein für sich selbst ein Individualdasein zu leben und zu genießen, doch in keiner Weise mit dem wahren Selbst in Konflikt kommt.«[364] Diese Erfahrungen stellten Vorstufen für seinen eigenen geistigen Weg dar, der ihn später in größere Höhen der Verwirklichung führen sollte; aber man darf sie auch als Zwischenstufen nicht unbeachtet lassen. Interessanterweise sind diese Transformationsphasen häufig mit einem Aufenthalt in Indien verbunden. Auch scheint Krishnamurti in Indien insgesamt stärker auf esoterische Lehren eingegangen zu sein als in Europa. So etwa bei Yoga-Übungen mit der Tochter und dem Neffen von Pupul Jayakar. »Er zeigte ihnen, wie man richtig ging, stand, und wie man »von hinten« sehen konnte: man mußte die Sehkraft nach hinten »fließen« lassen und aus seinem Inneren heraus »sehen«. Er nahm sie auf lange Spaziergänge mit, beobachtete, lauschte und brachte auch ihnen bei, zu sehen und zu lauschen.«[365] Bei allem Weltbürgertum, das Krishnamurti auszeichnete und das er für sich vehement in Anspruch nahm, hegte er in einem Winkel seines Herzens wohl doch die Überzeugung, daß Indien, das Land der großen Rishis, noch immer über einen besonderen Zugang zum Heiligen, zum Göttli-

---

364) Königreich Glück, S. 76
365) Jayakar, S. 206

chen, verfügte. Das führte manchmal zu Ungereimtheiten, wenn er etwa auf der einen Seite die Verwendung von Mantras in der Meditation als Humbug oder abstumpfende Selbsthypnose abqualifizierte, andererseits in seinem »Journal« notierte: »Der Klang von Sanskrit-Gesängen scheint eine seltsame Wirkung auszuüben. In einem Tempel, in dem ungefähr fünfzig Priester in Sanskrit sangen, schienen wahrhaft die Mauern zu vibrieren.«[366)] Aber vielleicht spricht diese gelegentliche Inkonsequenz, wie Mary Lutyens anmerkt, auch für seine Menschlichkeit, dafür, daß auch Krishnamurti kein absolut vollkommenes Wesen war.

Wenn Krishnamurti über esoterische Fragen sprach, zeigt sich auch hier sein außerordentlich hoher Anspruch und seine schonungslose Kritik an selbsternannten Gurus. Hochgeistiges Geschwätz ohne Arbeit an der eigenen Unvollkommenheit verabscheute Krishnamurti zutiefst. »Ich zweifele an jenen Menschen, die von der Erweckung der Kundalini sprechen; sie haben die eigentliche Arbeit noch nicht geleistet, aber sie sagen, sie haben die Kundalini erweckt. Daher bezweifele ich ihre Fähigkeiten, ihre Wahrhaftigkeit. Ich bin nicht antagonistisch, aber ich stelle es in Frage. Wenn ein Mensch Fleisch ißt, öffentliche Anerkennung sucht und so weiter und sagt, er habe die Kundalini erweckt, dann halte ich das für Unsinn. Zuerst muß die ganze Zeit das ›Haus gereinigt werden‹. ... Es gibt eine Energie, die sich selbst permanent erneuert, die nicht mechanistisch ist, die kein bestimmtes Ziel verfolgt, die anfang- und daher endlos ist. Es ist eine ewige Bewegung. Ich sagte, das ist so; aber welchen Wert besitzt dies für den Zuhörer? Ich sage »das ist so«, und sie hören mir zu. Aber ich frage mich, welchen Wert hat dies für sie? Tauchen sie völlig in diese Welt ein und vergessen dabei, daß sie ›das Haus reinigen müssen‹?«[367)]

[366)] Journal, S. 63
[367)] Krishnamurti, Exploration into insight, London 1979, S. 90 f.

Krishnamurtis Zurückhaltung im Zusammenhang mit bestimmten transformatorischen Prozessen erklärt sich teilweise aus seiner Überzeugung, das Erfahrene könne nicht in alten Rastern und Modellen, mit überlieferungsbeladenen Worten erklärt werden. Die Erfahrung könne nur durch eigene Erfahrung geteilt und verstanden werden, so bsw. hinsichtlich der Veränderung von Zellstrukturen. »Erinnerung wird in den Gehirnzellen gespeichert. Wenn das Bewußtsein vollkommen transformiert ist, wird auch den Gehirnzellen eine Verwandlung zuteil. Es handelt sich um eine fundamentale Veränderung, die nicht in einer wissenschaftlichen Terminologie ausgedrückt werden kann. Bevor sie nicht selbst die Verwandlung erlebt haben, werden sie nicht verstehen, wovon ich spreche.«[368] Was sich bei Krishnamurti bezüglich dieser Themen nicht eindeutig beantworten läßt, ist die Frage, ob er Transformationsprozesse, wie er selbst sie durchlebte, als allgemeine Stufen auf dem Pfad des geistigen Wachstums ansah, oder ob jeder Suchende seine jeweils eigenen, unterschiedlichen Erfahrungen sammeln mußte. Vergleicht man seine Erlebnisse mit der esoterischen Tradition, so läßt sich allerdings feststellen, daß es Phänomene sind, die nicht vom Bekannten abweichen.

Naturmystik

Ich sah Ihn den Himmel und den Halm erfüllen. Ich sah Ihn
in der ganzen Höhe der Bäume. Im Kiesel schaute ich Ihn,
allüberall, und ich sah Ihn auch in mir selbst! Also war mein
Tempel nun erfüllt und mein Allerheiligstes vollendet.
Ich war Er, Er war ich, und dieses war meine Wahrheit.

[368] Weeraperuma, a. a. O., S. 150

Krishnamurti lebte in einer Verbundenheit mit der Natur, wie kaum ein anderer großer Mystiker der Geschichte, mit Ausnahme von Franz von Assisi. Er spürte das unendlich tiefe Bewußtsein der Felsen, mit ihrer äonenlangen Erinnerung; er begegnete den Bäumen mit großer Ehrfurcht und fragte bsw. bei den Spaziergängen am Rande der Saanen-Treffen vor dem Betreten des Waldes: »Dürfen wir eintreten?« Tiere spürten sein sanftmütiges Wesen und näherten sich ihm ohne Scheu. Ein Langur-Affe gesellte sich einmal zu ihm, schaute ihn eine Weile an und reichte ihm dann seine feste und trotz der Kletterschwielen weiche Hand, wie ein Freund dem anderen. In Rishi Valley unterhielt er sich mit einem Hoopoe-Vogel wie mit einem guten alten Bekannten. Kein Wesen war zu unbedeutend für ihn;[369)] denn alles Leben der Natur war Teil seines eigenen Lebens und sein Wesen Teil seines eigenen Welteninnenraums.

Das Problem der Menschen des Industriezeitalters war nach Krishnamurtis Auffassung, daß sie die Ehrfurcht vor der Natur und die Achtung vor ihren Geheimnissen verloren hatten. Aber nur wenn diese Qualitäten zurückgewonnen werden konnten, würde die Natur den Schleier der Unsichtbarkeit von ihren Geschöpfen heben. »Wenn man sich einer Pflanze auf falsche Art und Weise nähert – mit Gier und Verlangen –, verschwindet sie, und man kann sie nicht finden. Man muß mit den Kräutern und den anderen Pflanzen sprechen. Man muß sie um Erlaubnis bitten, ehe man sie berührt, und man muß ihnen mit Bescheidenheit und Demut begegnen: »Darf ich dich anfassen, oder möchtest du, daß ich warte?« Denjenigen, die mit ihnen kommunizieren, schenken sie Duft und Licht.«[370)] Die Schlüssel zum Zugang der geheimnisvollen Naturreiche lagen im Herzen jedes einzelnen, und einer von ihnen konnte die Schönheit sein. Seine Tagebuch-Aufzeichnungen lassen in manchen tiefen Passagen etwas von Krishnamurtis Zu-

---

369) Rodney Fields überliefert in diesem Zusammenhang die nette Anekdote über die Rettung eines Käfers durch Krishnamurti (S. 121)
370) Jayakar, S. 386

gang zur Natur und seiner Bewunderung für ihre Schönheit erahnen. So in seinem Selbstgespräch über zwei Seerosen in seinem »Notebook«. »Die zwei Seerosen waren die Freude des ganzen Gartens, selbst die großen Bäume blickten auf sie herab, ohne einen Schatten zu werfen; sie waren zierlich, geschmeidig und verharrten still in ihrem Teich. Wenn man sie betrachtete, fand alles Handeln zur Ruhe, die Gedanken und Gefühle verflüchtigten sich, und nur diese beiden blieben, in ihrer Schönheit und Stille. Sie waren voller Empfindsamkeit, wie alle Lebewesen, mit Ausnahme des Menschen, der ständig mit sich selbst beschäftigt ist. Während man diese beiden beobachtete, verwandelte sich die Welt, nicht in ein besseres Gesellschaftssystem, mit weniger Gewaltherrschaft, mehr Freiheit und ohne Armut, sondern es war eine Welt ohne Leid, ohne Sorgen und dauernde Ängste und ohne die mühselige Langeweile. Sie war verwandelt, weil es diese beiden gab, blau und mit goldenen Herzen. Es war das Wunder der Schönheit.«[371]

Krishnamurtis besondere Liebe galt jedoch den Bäumen. Die einsamen Wochen, die er im »Giant Forest«, im Sequoia-Nationalpark in Kalifornien, verbrachte, zählte er zu den schönsten seines Lebens. Ich möchte nachstehend zwei Aussagen Krishnamurtis zum Thema Bäume zitieren. Das erste Zitat enthält eine Passage eines Vortrages in Saanen, das zweite ist eine Tagebuch-Eintragung unter dem Datum des 20. Oktobers 1973. Es kann meines Erachtens keine bessere Verdeutlichung für das geben, was ich unter dem ›offiziellen‹ und unter dem ›wahren‹ Krishnamurti verstehe. Es wird unschwer deutlich, welches Prädikat sich worauf bezieht. Krishnamurti erklärt im Vortrag: »Man mag zum Beispiel in Kommunion mit einem Baum sein oder mit einem Berg oder mit einem Fluß. Ich weiß nicht, ob Sie jemals unter einem Baum gesessen und wirklich versucht haben, mit ihm eines zu sein. Es liegt darin nichts Sentimentales, es ist kein Gefühlsrausch: Sie befinden sich in innig-

[371] Notebook, S. 218

stem Kontakt mit dem Baum; es ist eine Beziehung von ungewöhnlicher Vertrautheit. In solch einer Kommunion muß Schweigen, muß ein tiefes Gefühl der Stille herrschen. Ihr Körper, Ihre Nerven sind beruhigt; das Herz hört beinahe auf zu schlagen. Es gibt keine Interpretation, keine Gedankenverständigung, kein Beteiligtsein. Der Baum ist nicht Sie, noch werden Sie mit dem Baum identisch: Da ist nur dieses Gefühl der Vertrautheit in einem tiefen Schweigen.«[372)]
Die Eintragung im »Journal« bezieht sich auf die Stunden, die er in meditativer Stille unter einem der gigantischen Redwood-Bäume verbrachte. Wer noch nicht selbst die Majestät dieser erhabenen Wesen gespürt hat, wird nicht völlig nachvollziehen können, was Krishnamurti in seinen Ausführungen ausdrücken will. Ein Hauch vom Zauber dieser Begegnung dürfte trotzdem herüberwehen. »Die lärmenden Touristen waren noch nicht gekommen, und man konnte allein sein mit diesem großen, schweigenden Einen. Er schien bis zum Himmel aufzuragen, wenn man unter ihm saß, riesig und zeitlos. Die Zahl der Jahre verlieh ihm diese schweigende Würde, die Vornehmheit des Alters. Er war so schweigsam wie das eigene Denken, so still wie das eigene Herz, und er lebte ohne die Last der Zeit. Man verspürte ein Mitgefühl, unberührt von Zeitlichkeit und eine Unschuld, die keine Schmerzen und kein Leid kannte. Man saß hier, und die Zeit zog vorbei, ohne Wiederkehr. Hier war Unsterblichkeit, denn es gab niemals den Tod. Nichts existierte, nur dieser riesige Baum, die Wolken und die Erde. Man ging zu diesem Baum und saß lange Zeit jeden Tag zu seinen Füßen, und erst als man abreiste, wurde man sich seines Segens bewußt. Man konnte niemals zu ihm zurückkehren und um mehr bitten, denn es gab kein mehr, das mehr lag im fernen Tal. Dieser gesegnete Ort war nicht von Menschenhand erbaut, und daher barg er eine unergründliche Heiligkeit, die einen nie wieder verlassen würde, denn es war nicht die eigene.«[373)]

[372)] In Kommunion mit dem Leben, S. 40 f.
[373)] Journal, S. 67

Unio Mystica

Eines Nachts wachte ich auf und hatte das Gefühl, daß das gesamte Universum mit mir verschmolz. Alles floß in mich hinein, und die Reise ging tiefer und tiefer, in eine Tiefe ohne Ende.

Von der »Vereinigung mit dem Geliebten«, wie es der junge Krishnamurti nannte, bis hin zur Berührung »des namenlosen Ursprungs, der absoluten Stille«, wie er es in seinen letzten öffentlich gesprochenen Sätzen bezeichnete – die Erfahrung der »unio« bildete das Herzstück seines Lebens. Immer wieder kreisten seine Gedanken um dieses unaussprechliche Mysterium, das er in stets neue Worte zu kleiden versuchte, um es verständlich zu machen. Ein Unterfangen, an dem er scheitern mußte, wie alle anderen großen Mystiker vor ihm. Wer keine Ohren hatte zu hören, der vernahm nichts; und wer keine Augen hatte zu sehen, der erschaute nichts.

1931 kommt Krishnamurti in Ommen auf eine seiner Verwirklichungen zu sprechen, die sich fünf Jahre zuvor ereignet hatte. »Ich erfuhr in 1926 etwas, das endgültig und fundamental ist und keine Zielgerichtetheit aufweist. Bitte versteht, daß es sich nicht weiterentwickelt, sondern etwas ist, daß absolut ist, obwohl es nichts mit einem Ende gemeinsam hat; es ist eine unaufhörliche Erneuerung, das Leben selbst; es ist zeitloses Werden und kann mit Worten nicht beschrieben werden.«[374] Dieser großen Einheitserfahrung waren andere vorausgegangen, darunter diejenige, die er in jenem schon zitierten Brief vom August 1922 beschreibt. »Am ersten Tag, als ich mich in diesem Zustand befand und der Dinge um mich mehr bewußt war, hatte ich das erste äußerst merkwürdige Erlebnis. Es war da ein Mann, der den Weg ausbesserte, dieser Mann

[374] EW, VI, S. 101

war ich selbst, sogar der Stein, den er herausbrach, war ein Teil meiner selbst, der zarte Grashalm war ich, und auch der Baum neben dem Mann war ich. Ich konnte fast fühlen und denken wie der Straßenarbeiter, und ich konnte spüren, wie der Wind durch den Baum fuhr, und die kleine Ameise auf dem Grashalm konnte ich auch spüren. Die Vögel, der Staub und selbst die Geräusche waren ein Teil von mir. Im gleichen Augenblick fuhr in einiger Entfernung ein Wagen vorbei, ich war der Fahrer, der Motor und die Reifen; als der Wagen sich weiter von mir entfernte, entfernte ich mich auch von mir selbst. Ich war in allem oder vielmehr war alles in mir, unbeseelt und beseelt, der Berg, der Wurm und alle atmenden Dinge.«[375)] 1961, nahezu vierzig Jahre später, ist die Dynamik jenes mystischen Erfahrungsprozesses ungebrochen. Seine »Notebook«-Eintragung vom 20. Juli 1961 enthält eines der bewegendsten Zeugnisse von Krishnamurtis Erleben und stellt eines der großen, zeitlosen Dokumente mystischer Einheitserfahrung dar. »Der Raum war erfüllt von dieser Segnung. Was dann folgte, ist nahezu unmöglich mit Worten zu beschreiben; Worte sind solche toten Dinge, mit festgesetzten Bedeutungen, und was geschah vollzog sich jenseits aller Worte und Beschreibungen. Es war das Zentrum der Schöpfung; es war eine Reinigung von großer Ernsthaftigkeit, die das Gehirn von allen Gedanken und Gefühlen befreite; eine Ernsthaftigkeit wie jene eines Blitzschlages, der zerstört und verbrennt; eine Tiefe, die nicht auszuloten war, unbeweglich und undurchdringlich, eine Gewißheit, die dem Licht der Himmel glich. Es erfüllte die Augen und den Atem. Es erfüllte die Augen, und die Augen konnten sehen. Die Augen, die sahen, die erschauten, waren gänzlich verschieden von den physischen Augen, und doch waren es die gleichen Augen. Es war nur Schauen, und die Augen blickten jenseits von Raum und Zeit. Es war unergründliche Göttlichkeit mit ei-

[375)] Mary Lutyens 1981, S. 187

nem Frieden, der das Wesen aller Bewegung, allen Geschehens ausmachte.«[376)]

Was Krishnamurti über den in Selbstversunkenheit glücklichen Mystiker hinaus auszeichnet, ist seine unermüdliche Bereitschaft, sein Licht *in der Welt* leuchten zu lassen und die Überzeugung von der gesellschaftlichen Relevanz mystischer Transformation. Der Mystiker verwandelt nicht nur *sein* niederes Selbst, sondern in seiner Metamorphose wird auch die gesamte Menschheit umgeformt. »Es sind sehr, sehr wenige, aber diese wenigen können das gesamte Bewußtsein der Menschheit beeinflussen. – Wenn ein paar Menschen dem Kummer ein Ende setzen, dann wird das gesamte Bewußtsein davon beeinflußt.«[377)]

Es besteht für mich kein Zweifel, daß Krishnamurti einer der wenigen ›Großen im Geiste‹ war, der vom Licht der Gottheit berührt wurde. Seine grenzenlose Liebe und seine tiefe Demut öffneten das Tor, durch das der unendliche Geist Einkehr nehmen konnte. Im Gegensatz zum klassischen Advaita, etwa eines Ramana Maharshi, ging Krishnamurti allerdings nicht davon aus, seine Erfahrung stelle das Ende aller möglichen Erfahrung dar. Gerade die Tiefe seiner Schau ließ ihn – wie zur gleichen Zeit auch Sri Aurobindo – die Unermeßlichkeit des Absoluten erahnen und, bei aller potentiellen Göttlichkeit, die Begrenztheit menschlichen Erkennens. In bewegender Weise drückte er dies einmal in einem sehr

376) Notebook, S.27 Vgl. dazu auch eine Passage seiner Gespräche mit David Bohm: »In Indien erwachte ich eines Nachts. Es war ein Viertel nach zwölf. Ich sah auf die Uhr. Und – ich zögere, das auszusprechen, weil es sich extravagant anhört – die Quelle aller Kraft war erreicht. Und das hatte eine ungewöhnliche Auswirkung auf das Gehirn und auch auf das Körperliche. Verzeihen Sie, wenn ich über mich spreche, aber verstehen Sie, es gab da buchstäblich überhaupt keine Teilung mehr, keine Empfindung einer Welt, eines »Ich«. Verstehen Sie? Nur diese Empfindung einer gewaltigen Energiequelle.« Krishnamurti/Bohm, Vom Werden zum Sein, S.16

377) John White, Was ist Erleuchtung, S.161 Vgl. dazu auch eine im K.-Bulletin abgedruckte Antwort Krishnamurtis. »Wir behaupten, daß Sie – wenn Sie sich selber durch erlösende Einsicht umwandeln – es dem gesamten Bewußtsein übermitteln. Das geschieht. Die großen Herrscher der Welt oder die großen Killer der Welt haben das menschliche Bewußtsein beeinflußt: Attila, Dschingis Khan, Napoleon, Hitler und auf der anderen Seite Buddha und andere. Sie haben alle den menschlichen Geist beeinflußt, das menschliche Bewußtsein beeinflußt.« (Bull. 46/1984, S.13)

persönlichen Gespräch mit Susunaga Weeraperuma aus. Dieser erinnert sich: »Jener Abend, an dem Krishnamurti mit tiefer Bewegtheit auf das Unendliche zu sprechen kam, zählt zu meinen glücklichsten Erinnerungen. »Glaube mir, ich erschaue nur ein Bruchstück des Unendlichen«, sagte er. Dann, nachdem er sich die Tränen von seinem verzückten Gesicht abgewischt hatte, fügte er hinzu: »Das Unendliche ist von solcher ungeheuerlichen Unfaßbarkeit, daß du es niemals in seiner Ganzheit erschauen kannst.«[378) Mit dieser Aussage setzt sich Krishnamurtis revolutionärer Ansatz auch auf der tiefsten Ebene fort. Die bisher als finale Erfahrung gedeutete »unio mystica« gewinnt aufgrund seiner Ein-sicht eine neue Dynamik. Sie wird nicht mehr als End- sondern als Anfangspunkt verstanden, wie Krishnamurti schon in seiner theosophischen Periode andeutete, als er Erleuchtung nicht als Vernichtung, sondern als Neubeginn charakterisierte. Die Erfahrung des Göttlichen ist nie abgeschlossen, ewig neu, von unbeschreiblicher Schönheit und Herrlichkeit erfüllt. ES bleibt für immer ein Geh-heimnis. »Es ist nicht möglich, eins mit ihm zu sein; es ist nicht möglich, eins mit einem schnell fließenden Fluß zu sein. Du kannst niemals eins sein mit jenem, das ohne Form, ohne Maß und ohne Eigenschaft ist. Es ist; das ist alles.«[379)

---

378) Weeraperuma, a. a. O., S. 43
379) Notebook, S. 39

Bibliographie

I. Werke

Zu Füßen des Meisters (Alcyone), Graz 1976[5)]
Königreich Glück, Jena 1929[2)]
Reden am Feuer, Jena 1929
The Search, New York 1927
Collected Works, Vol.1, New York 1980
The Path, Ommen 1930[3)]
Towards Discipleship, Chicago 1926
By What Authority, Ommen 1928
Early Writings (EW), Vol.1-7, Bombay (Chetana 1969 ff.)
Early Talks (ET), Vol.1-7, Bombay (Chetana 1972 ff.)
Later Talks (LT), Vol.1-5, Bombay (Chetana 1974 ff.)
Krishnamurti Talks, Verbatim Reports Vol.1-9, Madras 1934 ff.
Vertrauen zum Leben, München 1954
Schöpferische Freiheit, München 1956
Gedanken zum Leben, Hamburg 1957
dass. Ideal und Wirklichkeit, Bern o.J. (4.Aufl.)
Konflikt und Klarheit, Bern o.J. (2.Aufl.)
Verstand und Liebe, Bern o.J.
frei sein!, Bern o.J.
Religiöse Erneuerung, Bern o.J. u. München 1989 (Knaur TB)
Revolution durch Meditation, Bern o.J. (2.Aufl.)
Meditationen, Berlin 1969
Der Strom der Selbstsucht, Höchheim o.J.
Gespräche über religiöse Irrwege, Berlin o.J.
Leidlos inmitten der Welt, Berlin o.J.
Der Weg aus dem Chaos, Berlin 1987[4)]

Die andere Dimension, Berlin o.J.
Der Ruf des Lebens, Berlin o.J.
Gespräche über das Sein, München 1982[3)]
The Flight of the Eagle, New York 1972
You are the World, New York 1972
Tradition and Revolution, Madras 1972
Einbruch in die Freiheit, Berlin 1985[10)]
On Love, London 1980
Exploration into Insight, London 1979
In Kommunion mit dem Leben, Zeppelinheim 1981
Das Tor zu neuem Leben, Zeppelinheim 1981
Leben ohne Illusionen, Hopferau 1982
Das Netz der Gedanken, Hopferau 1983
Letters to the Schools Vol.1, London 1981
Letters to the Schools Vol.2, Wassenaar 1985
Krishnamurtis Notebook, London 1985
Welt des Friedens, München 1985
Fragen und Antworten, München 1985
Aus dem Schatten in den Frieden, Berlin 1987
The Future of Humanity, Den Haag 1986
Vom Werden zum Sein, München 1987
Meditations, Madras 1989[3)]
Erziehung zur Kunst des Lebens, Heidelberg 1988
The Awakening of Intelligence, London 1990[2)]
The Way of Intelligence, Madras 1989[2)]
Krishnamurtis Journal, London 1982
Selbstgespräche – Das letzte Tagebuch, Grafing 1989
Die letzten Gespräche in Saanen, Grafing 1986
Die Vorträge in Washington, Grafing 1990
The future is now, San Francisco 1989

Werkauswahlen

Sayings of Krishnamurti (S. Weeraperuma), Bombay 1986
Ausgewählte Texte (I.v. Massenbach), München 1988

Bibliographie

Susunaga Weeraperuma, A Bibliography of the Life and Teachings of J.K., Leiden 1974
ders., A Supplement to a Bibliography of the Life and Teachings of J.K., Bombay 1982

II. Sekundärliteratur

Der Eingeweihte Bd.1+2, München 1985 f.
Anrias, David, Adepts of the five elements, New York 1934
ders., Through the eyes of the masters, London 1976[8)]
Balfour-Clarke, Russell, The boyhood of J. Krishnamurti, Bombay 1977
Baker, Gladys, Krishnamurti – Who is he?, The Birmingham New-Age-Herald (1.4.1929)
Besant, Annie, World Teachers, Herald of the Star 1/1913, S.5 f.
dies., Die Arbeit des Weltlehrers, Vortrag Wien 2.9.1927 (unveröff.dt. Nachschrift)
Burnier, Radha, Krishnajis Challenge, The American Theosophist Vol.75/10, S.344 ff.
Chandmal, Asit, One thousand moons, New York 1985
Coleman, John E., The quiet mind, London 1971
Desikachar, T.K.V., Krishnaji – The student and the teacher, Madras o.J.
Dhopeshwarkar, A.D., K. and the experience of the silent mind, Bombay 1981[7)]

ders., K. and the texture of reality, Bombay 1982[3)]
ders., K. and mind in revolution, Bombay 1976[2)]
ders., Meditation a la K., Bombay 1978
ders., The yoga of J.K., Bombay 1981[2)]
Field, Rodney, K.-The reluctant messiah, New York 1989
Fouere, Rene, K.: The man and his teaching, Bombay 1981[8)]
Grohe, Friedrich, Die Schönheit des Berges – Erinnerungen an K. Bramdean 1991
Heber, Lilly, Krishnamurti, London 1931
Hodson, Geoffrey, (Bericht über den Star Congress 1924), Herald of the Star, 10/1924, S.422 ff.
ders., Camp Fire Gleams, Herald of the Star 10/1927, S.403 ff.
ders., Thus have I heard, Adyar 1947
ders., K. and the search for light, o.A.
Hodson, Sandra & Thiel, M. van, C.W.Leadbeater – der große Hellseher (unveröff. Ms.)
Holroyd, Stuart, The quest of the quiet mind, Wellingborough 1983[3)]
Jayakar, Pupul, K.-Leben und Lehre, Freiburg 1988
Landau, Rom, God is my adventure, London 1964
Leadbeater, Charles W., A momentous incident, Herald of the Star 1/1912, S.33 ff.
ders., 48 Leben Alcyones (unveröff. dt. Ms.)
ders., Gespräche über zu Füßen des Meisters, Düsseldorf 1926
Lutyens, Emily, Candles in the sun, London 1957
Lutyens, Mary, K.-Jahre des Erwachens, München 1981
dies., K.-The years of fulfillment, New York 1984
dies., K.-The open door, London 1988
dies., The life and death of K., London 1990 (dt. Grafing 1991)
Mehta, Rohit, The intuitive philosophy, Bombay 1988[3)]
ders. J.K. and the nameless experience, Bombay 1979[3)]
Methorst-Kuiper, A.J.G., Krishnamurti, Bombay 1976[2)]
Nahal, C.L. A conversation with J.K., New Delhi 1965

Nethercot, Arthur H., The last four lives of Annie Besant, Chikago 1963
Niel, Andre, K. the man in revolt, Bombay 1982[4)]
Peacocke, C.L., An historical meeting, Herald of the Star 2/1912, S.40 ff.
Prasad, N. Lakshmi, Real change is revolutionary, The Quest 4/ 1990, S.75 ff.
Rajneesh, Osho, K.-Gescheiterte Verkündung, Connection 6/1989
Ransom, Josephine, A short history of the Theosophical Society, Adyar 1938
Ravindra, Ravi, The mill and the mill-pond, K. Found. of America, o.J.
Robertson, John Kirk, Aquarian occultist (unveröff. Biographie G. Hodsons)
Ryzek, Marianne, Über K., Eurasburg 1985
Singh, Shashi, K. remembered, The American Theosophist, 10/ 1987, S.348ff.
Sloss, Radha Rajagopal, Lives in the Shadow with J. K., London 1991
Smith, Ingram, Truth is a pathless land, Wheaton 1989
Suares, Carlo, K. and the unity of man, Bombay 1982[5)]
Thakar, Vimala, Meine Begegnung mit K., Grafing 1989
Tillett, Gregory, The elder brother, London 1982
Torwesten, Hans, Befreiung vom Antiguru, Connection 6/1989
Vas, Luis S.R. (ed.), The mind of J.K., Bombay 1975[2)]
Vitelleschi, C., Ethik als Tat, Jena 1930
Weber, Renee, Wissenschaftler und Weise, Grafing 1987
Weeraperuma, Susunaga, K. as I knew him, Bombay 1988
ders., That pathless land, Bombay 1987[2)]
ders., Bliss of reality, Bombay 1984
ders., Living and dying, Bombay 1987[3)]
White, John (Hrsg.), Was ist Erleuchtung, Freiburg 1988
Wodehouse, E.A., A conversation with K., Intern. Star Bulletin 3/1930, S.19ff.

Mary Lutyens

Krishnamurti
– Die Biographie –

Wenn es eine geheimnisvolle Gestalt in der Geistesgeschichte des 20. Jahrhunderts gegeben hat, so hieß diese – Krishnamurti. Man kann von ihm mit Recht als der »Sphinx des 20. Jahrhunderts« sprechen.

Als Kind von C.W. Leadbeater „entdeckt“, im Geist der damaligen Theosophie erzogen, als »Weltlehrer« verkündet (der er dann, wenngleich anders als erwartet, auch werden sollte), in radikaler Umkehr in den späten zwanziger Jahren einen eigenen Weg einschlagend, um als weiser Revolutionär von Liebe und Freiheit mit neunzig zu sterben – was für ein Leben!

Mary Lutyens, die Krishnamurti länger kannte als jeder andere, versucht in ihrer Biographie dem »Geheimnis Krishnamurti« auf die Spur zu kommen. Anhand zahlreicher persönlicher Dokumente gelingt es ihr, aus den Lebenslinien Krishnamurtis ein sinnhaftes Mosaik zu legen, das die Brüche, Übergänge und Verwandlungen in seinem Leben verstehen und nachvollziehbar werden läßt. Es offenbart sich ein Geist von einzigartiger Tiefe und Sensitivität, eine höchst filigrane Seele und ein scheuer Mensch, der jedoch von einem unwiderstehlichen Willen und einer grenzenlosen Liebe zu allem Leben geleitet wurde.

Eine Biographie, wie es keine zweite gibt – die Lebensgeschichte eines höchst außergewöhnlichen Menschen!

ISBN 3-89427-008-X

VIMALA THAKAR

Meine Begegnung mit Krishnamurti

Vimala Thakar darf mit Fug und Recht als eine der bedeutenden Frauengestalten Indiens in diesem Jahrhundert bezeichnet werden. Schon in ganz jungen Jahren begann sie ihren spirituellen Weg. Sie studierte unter äußerst harten Umständen, aß nur eine Mahlzeit am Tag und verdiente sich den Lebensunterhalt selbst. Nach dem abgeschlossenen Studium gründete sie eine Schule, die sie auch selbst leitete. 1953 schloß Vimala sich der „Landreform-Bewegung" von Vinoba Bhave an, in der sie etliche Jahre mit Einsatz aller Kräfte arbeitete. Sie wurde erst durch einen schweren Autounfall in ihrem Engagement gestoppt. Sie erlitt eine schmerzhafte, nicht ausheilende Ohrverletzung, die noch dazu zu weitreichender Taubheit führte.

1956 war ein Schicksalsjahr für Vimala Thakar, als sie erstmals in ihrem Leben Krishnamurti traf. Sie besuchte seine Vorträge in Indien, lernte ihn persönlich kennen und wurde tief berührt von seinen revolutionären Gedanken. Als Krishnamurti von ihrer schweren Verletzung erfuhr, bot er ihr an, einen Versuch zu unternehmen, um das Ohr zu heilen. Sie willigte ein und gesundete. Sie wurde physisch und geistig transformiert.

Dieses Buch schildert den ergreifenden Wandlungsprozeß Vimala Thakars und die einmalige Ausstrahlung Krishnamurtis. In diesem historischen Dokument zeigt sich eine Seite des großen Weisen, die bisher nicht genügend Beachtung gefunden hat – seine unsagbar liebevolle Hilfsbereitschaft. Hinter der Strenge und Klarheit der Gedanken, scheint der Krishnamurti sich verschenkender Menschenliebe auf. Ein Lehrer und Heiler für Geist und Körper.

Ein biographischer Bericht von bewegender Eindrücklichkeit!

ISBN 3-922936-85-7

KRISHNAMURTI
Die Vorträge in Washington

Sechzig Jahre lang bereiste Krishnamurti die Welt, doch erst wenige Monate vor seinem Tode sprach er öffentlich in der Hauptstadt der USA. Wer persönlich diesen Vorträgen beiwohnen konnte oder sie auf Video verfolgte, erspürt, mit welchem inneren Engagement Krishnamurti seine „Zuhörer einlädt, mit ihm gemeinsam zu forschen und die Welt, wie wir sie geschaffen haben, anzuschauen“.

An zwei Tagen im April des Jahres 1985 faßte er seine Gedanken in einmaliger Weise in äußerster Konzentration zusammen. Der Leser kann Krishnamurti in diesem kleinen Band in seinen Grundzügen begegnen. Er erlebt den kristallklaren Lehrer der Freiheit, Liebe und Intelligenz.

Eine ideale Einführung in das Denken Krishnamurtis und ein wertvoller Baustein für die Entdeckung der eigenen Verantwortlichkeit.

ISBN 3-922936-92-X

KRISHNAMURTI

Selbstgespräche
Das letzte Tagebuch

Kaum eine der großen religiösen, wissenschaftlichen oder politischen Persönlichkeiten unseres Jahrhunderts blieb von Krishnamurtis Philosophie unbeeindruckt. Von Aldous Huxley bis David Bohm, von Annie Besant bis Indira Ghandi reicht die Kette der Namen, die den epochalen Geist Krishnamurtis bewunderten.

In seinen letzten beiden Lebensjahren hielt Krishnamurti seine innersten Gedanken und tiefsten Gefühle fest, indem er sie entweder notierte oder auf Tonband sprach. So entstand ein einzigartiges letztes Dokument des revolutionärsten spirituellen Lehrers unseres Jahrhunderts.

Krishnamurtis Gedanken und Ausführungen gleichen eher tiefsinnigen Meditationen als intellektuellen Abhandlungen. Man wird bei der Lektüre unmerklich eingebunden in die Gedankensphäre eines erleuchteten Geistes. Das eigene Denken weitet sich und berührt einen neuen Freiraum.

Krishnamurtis „Selbstgespräche" sind ein zeitloses Buch. Man wird es immer wieder zur Hand nehmen können, um eine Inspiration oder meditative Anregung daraus zu schöpfen.

Ein Klassiker philosophischer Kontemplation!

ISBN 3-922936-72-5